पढ़ने-लिखने का शौक़ मुझे बचपन से ही रहा है। संयोग से मेरा जन्मदिन उसी दिन पड़ता है जिस दिन मिर्ज़ा ग़ालिब का जन्म हुआ था। फ़ितरत कहूँ या सोहबत का असर, कॉलेज के दिनों से मुझे टीवी पर कवि सम्मेलन और मुशायरे देखना और मौक़ा मिलने पर ऐसे आयोजनों में जाना मुझे हमेशा ही अच्छा लगा। जगजीत सिंह जी की ग़ज़लों को सुनना और टीवी पर देखा हुआ मिर्ज़ा ग़ालिब सीरियल, मेरे सिर पर ग़ज़लों का भूत ऐसा चढ़ा कि अब चाहकर भी मैं इनसे दूर नहीं हो सकता।

मुझे यह याद नहीं है कि मैंने पहला शेर कौन-सा लिखा और मेरी पहली ग़ज़ल कौन-सी है। शुरुआती दौर में जो कुछ कच्चा-पक्का लिखा उन पन्नों को फाड़ने का साहस अभी तक नहीं कर पाया हूँ। कोविड ने मेरी अतृप्त इच्छाओं को फिर से जगा दिया जो मैं लगभग भूल चुका था। यह दौर जहाँ पूरी दुनिया के लिए कई नयी चुनौ. तियाँ खड़ी कर रहा था, वहीं पर यह न जाने कितनी अनगिनत सम्भावनाएँ सँजोये था। मुझ जैसे न जाने कितने लोगों ने इस दौर में अपने आपको खंगाला और सागर मन्थन की तरह ना जाने अन्दर से क्या-क्या ढूँढ़ निकाला था। यह मेरे लेखन के पुनर्जीवन का अवसर था और मैंने इसका पूरी तरह फ़ायदा उठाया भी है। लिखना अब मेरे लिए शौक़ से बढ़कर ज़रूरत बन गया है और कुछ सालों बाद मिलने वाले ख़ाली समय के सदुपयोग का इससे बेहतर साधन अभी तक तो मेरी निगाह में नहीं है।

कोविड के दौर की मुश्किलें तो पूरी दुनिया के लिए थीं पर इसके बाद की मेरी मुश्किलों का दौर मेरे अपने अज्ञान का परिणाम था। आज जब पीछे मुड़कर देखता हूँ तो मुझे अपने आप पर हँसी आती है। यह जानते हुए भी कि उर्दू मेरी मातृभाषा और तालीम का हिस्सा कभी नहीं रही थी, अपनी पहली किताब 'हफ़्ते दर हफ़्ते' के प्रकाशन का जोखिम उठा लिया।

ज़िन्दगी कोई साँप-सीढ़ी का खेल नहीं है जिसमें गिरना और चढ़ना भाग्य के भरोसे हो। अपनी कामयाबी और नाकामी के लिए इन्सान पूरी तरह से खुद ज़िम्मेदार होता है और जो लोग भाग्य को दोष देते हैं वो खुद से बचना चाहते हैं। किसी इन्सान के व्यक्तित्व की सबसे बड़ी पहचान तब होती है जब वो मुश्किल समय से गुज़र रहा होता है। जब मुझे अपनी ग़लती का एहसास हुआ, तब मेरे पास दो रास्ते थे या तो जैसा चल रहा है वैसा ही चलने दूँ या फिर अपनी ग़लतियों को सुधारूँ। सो अपने आपको सुधारने की कोशिश (जो अभी जारी है और हमेशा जारी रहेगी) आपके सामने रखकर कहता हूँ :

ठुकराओ अब कि वाह करो
मैं बहर में हूँ

मैं बहर में हूँ

सुनील अटोलिया 'कालू'

वाणी प्रकाशन

प्रकाशन के उत्कृष्टतम 61 वर्ष

पेपरबैक प्रथम संस्करण : 2025

vaniprakashan.com

वाणी प्रकाशन

4695, 21-ए, दरियागंज, नयी दिल्ली-110 002

फ़ोन : +91 11 23273167, # 23275710

शाखाएँ

अशोक राजपथ, पटना-800 004, बिहार

कॉफ़ी हाउस कैम्पस, महात्मा गांधी मार्ग, प्रयागराज-211 001, उत्तर प्रदेश

महात्मा गांधी अन्तरराष्ट्रीय हिन्दी विश्वविद्यालय, वर्धा-442 001, महाराष्ट्र

sales@vaniprakashan.in
vaniprakashan@gmail.com

Main Behar Mein Hoon
by Sunil Atolia 'Kalu'

ISBN : 978-93-6287-693-5
Ghazal Collection

मूल्य : ₹ 295

थॉमसन प्रेस (इंडिया) लि. में मुद्रित

वाणी प्रकाशन का लोगो मक़बूल फ़िदा हुसेन की कूची से

मेरे सभी परिवारजनों और मित्रों को
जो मेरी जीवन यात्रा में साथ रहे हैं
और जाने-अनजाने इन ग़ज़लों में
जिनका प्रतिबिम्ब झलकता है

भूमिका

कविवर सुनील को मैं पिछले 30 सालों से जानता हूँ। इतने बरसों बाद दुनिया बदल गयी लेकिन सुनील अटोलिया में कोई बदलाव नहीं आया। वे दिल के फ़कीर हैं। अन्यथा रहन-सहन,जीवन शैली और व्यवहार में एक ख़ास क़िस्म की नफ़ासत उनमें हमेशा नज़र आती है।

सुनील जी की शाइरी का मैं चश्मदीद रहा हूँ। उनकी पहली पुस्तक "हफ़्ते दर हफ़्ते" को अगर उनकी जीवन यात्रा के संस्मरण कहा जा सकता है तो नयी पुस्तक "मैं बहर में हूँ" उनके जुझारूपन की परिचायक है। दरअसल शाइरी दिल का मामला है और यह शाइर का किसी ख़याल को जामा पहनाने का अपना नज़रिया है। इसीलिए सुनील जी अपनी शाइरी में बेहद सादगी पसन्द हैं। उनकी भाषा आम फ़हम भाषा है। मुश्क़िल शब्दों से सुनील जान-बूझकर बचते रहे हैं। और एक अहम बात यह भी है कि ग़ज़ल भाषा से नहीं ग़ज़लियत से होती है।

सुनील जी की ग़ज़लों की एक ख़ूबी यही है कि इसके मरकज़ में आदमी है, इन्सानियत है, माशूका नहीं। इनकी शाइरी गें सादगी है, ख़ाकसारी है जो कभी हमारी तहज़ीब का हिस्सा हुआ करती थी। ग़ज़ल इशारे की कला है। यह छिपाते हुए बताती है। 'मीर' से आज तक दुख दर्द की दहलीज़ वैसी ही है। कविवर सुनील जी की शाइरी सुनने पढ़ने का जब-जब मौका मिला तो लगा कि ये कोई और इन्सान है। वो लिखते हैं :

हम तो बड़े अजीब से हैं जी
यूँ ही बेतरतीब से हैं जी
जैसे दिखते हैं दूर से हम
वैसे ही तो क़रीब से हैं जी

ग़ालिब साहब ने फरमाया भी है कि-

अपनी हस्ती ही से जो कुछ हो
आग ही गर नहीं ग़फ़लत ही सही

सुनील जी ने दुनिया जहान को अपने नज़रिए से जानना चाहा है और अपने जाने हुए को शाइरी में अभिव्यक्त किया है। कोई भी शाइर ग़ज़ल की परम्परा से अलग नहीं हो सकता, प्रवाह से अलग नहीं हो सकता। 'मीर' ने कहा था–

कहते तो हो यूँ कहते, यूँ कहते जो वो आता
सब कहने की बातें हैं, कुछ भी न कहा जाता

मेरा मानना है कि सुनील जी की शाइरी एक उड़ान है, एक विरासत है– भाषा, विचार और सपनों की। हमारी आपकी साँझी हक़ीक़त की। कविवर सुनील इसी सांस्कृतिक विरासत के शाइर हैं।

किसी भी पुस्तक की भूमिका को न सिफ़ारिश होना चाहिए, न समीक्षा, न आलोचना। इसे एक सहृदय पुस्तक परिचय होना चाहिए। इसलिए मैं बगैर किसी व्याख्या के, सुनील जी की नयी पुस्तक के, अपनी पसन्द के कुछ शेर यहाँ लिख रहा हूँ जिससे पाठक वर्ग को उनके कवित्व की, उनके व्यक्तित्व की जानकारी मिलेगी जिसके कारण वे मेरे प्रिय हैं–

अब वो आते नहीं बुलाने से
ग़म जो भागे हैं मुस्कुराने से

ख़्वाहिशों को कभी थोड़ा कम कर के देखो
दुनिया की इस दौड़ में थम कर के देखो

शिकवा क्या भला बता करूँ ऐ ज़िन्दगी
क्यों नयी कोई ख़ता करूँ ऐ ज़िन्दगी

मैं सुनील जी को "मैं बहर में हूँ" के प्रकाशन के लिए बधाई देते हुए इस भूमिका का समापन मेरे उन अशआर से कर रहा हूँ जो मेरे नज़रिये से कविवर सुनील जी की और उनकी शाइरी की मुक़म्मल पहचान है–

शबनमी अहसास आँखों में समेटे
बुन रहा था वो समन्दर की कहानी
नक़्श-ए-पा उसके कहाँ मिलते किसी को
एक चेहरा, था जमीं पर आसमानी

एक संवेदनशील सृजन साहित्य पटल पर आपको आमन्त्रित करता हूँ जो आपको हमेशा याद रहेगा ।

प्रिय सुनील जी को हार्दिक शुभकामनाओं सहित ।

-राजेन्द्र 'राजन', जयपुर

लेखक की क़लम से

प्रिय पाठकों,

अपनी पहली किताब "हफ़्ते दर हफ़्ते" की ख़ुशी को मैं पचा भी नहीं पाया था कि मुझ पर तुषारापात हुआ। मेरे अग्रज समान घनिष्ट मित्र श्री राजेन्द्र 'राजन' ने तोहफ़े के तौर पर "वीनस केसरी" की लिखी किताब "ग़ज़ल की बाबत" मुझे भेजी। श्री 'राजन' से मेरी मित्रता पारिवारिक सम्बन्धों से भी कहीं आगे रही है क्योंकि हम दोनों के परिवारों ने पिछले 30 वर्षों में ख़ुशी और ग़म के पलों को साथ जिया है। श्री 'राजन' एक बेहतरीन लेखक हैं जो हिन्दी–उर्दू की 5-6 काव्यात्मक कृतियों के साथ लघु कहानियों का संकलन भी प्रकाशित कर चुके हैं। पारिवारिक परिवेश और मेरठ में लालन पालन के चलते उनकी उर्दू की समझ मुझसे कहीं बेहतर है और वो मेरी रचनाओं के सबसे बड़े प्रशंसक होने के साथ मेरा मार्गदर्शन भी करते रहे हैं।

मैंने जैसे ही इस किताब को पढ़ा तो मुझे समझ में आ गया कि मैं किसी ग़लतफ़हमी का शिकार था। मैं अपनी जिन रचनाओं को ग़ज़ल समझता था वो कहीं से भी ग़ज़ल की श्रेणी में नहीं आती थीं। मैं सिर्फ़ क़ाफ़िये और रदीफ़ को ग़ज़ल समझता था और बहर क्या है ये मुझे दूर–दूर तक पता नहीं था। मेरी हालत उस बच्चे की तरह से हो गई जो इम्तिहान में कई कॉपी भर कर ख़ुशी-ख़ुशी जब लौटा तो पता चला कि सवाल तो कुछ और ही था और जिसे जवाब समझकर लिखा वो कुछ और।

जब पा ही लिया था मैंने जवाब उसका
ज़िन्दगी ने अपना सवाल बदला है

इस किताब को दो–तीन बार पढ़ने के बाद मेरा अपने ऊपर से विश्वास

लगभग उठ सा गया था और मैंने सोच लिया था कि शायद मैं आगे कभी नहीं लिख पाऊँगा क्योंकि बहर मेरे दिमाग़ में घुस ही नहीं पा रही थी। गूगलदेव आज़ाद ग़ज़ल (बेबहर की ग़ज़ल) के बारे में बताते तो थे पर बिना बहर की ग़ज़ल लिखकर कोई बड़ा शायर बना हो ऐसा कोई उदाहरण सामने नहीं था।

भूल ही चुके हैं सबक़ जो सीखे थे ता-उम्र हमने तुझसे
ऐ ज़िन्दगी हम तेरी पाठशाला में फिर से दाख़िल होंगे

ये वो दौर था जब मैंने नज़्म और कविता लिखने की कोशिश की पर मुझे समझ में आ गया कि मैं शायद इनके लिये नहीं बना हूँ। इस दौर में मैंने दोहे लिखने की शुरुआत की और जैसे-जैसे मैं दोहे लिखता गया वैसे-वैसे मेरा आत्मविश्वास वापस लौटने लगा। भाषा और शिल्प दोनों में दोहे भले ही शेर से अलग हों पर दोहों के नियम समझने और दोहे लिखने की कला शेर लिखने के बहुत करीब है। फिर क्या था, कुछ तो बहर की समझ आयी और बाकी का काम रेख़्ता तक़्ती'अ टूल ने आसान कर दिया। मेरी ट्रेन पहली बार पटरी पर आई और एक बार दौड़ी तो फिर रुकने का नाम नहीं लिया।

इस किताब के लगभग पूरा होने के बाद मैंने एक नामी शायर महोदय से किसी माध्यम से सम्पर्क किया कि अपनी किताब की भूमिका उनसे लिखवा सकूँ। उन्होंने मेरी कुछ रचनाओं को देखकर ये कहा कि ये रचनाएँ बहर में नहीं हैं और मुझे ग़ज़ल लिखना छोड़ देना चाहिये। कुछ समय के लिये तो मैं सकते में आ गया पर मैंने दोबारा अपनी सारी रचनाओं की जाँच करवाई तो उनमें कोई भी कमी नहीं दिखाई दी।

आशा है कि आप अब ये समझ गये होंगे कि मैंने अपनी इस किताब का शीर्षक "मैं बहर में हूँ" क्यों रखा। ये मेरे उस संघर्ष के दौर और ख़ुद का खोया हुआ आत्मविश्वास वापस पाने की वो प्रतिक्रिया है जैसे आप कुछ बड़ा करने के बाद हवा में अपनी मुट्ठी को लहराते हैं। इस किताब में मैंने नई ग़ज़लों के साथ पिछली किताब की कुछ पुरानी रचनाओं की बहर को सुधार कर उनको ग़ज़ल बनाकर शामिल किया है। प्रयोग के तौर पर इस किताब में मैंने अपनी कुछ ग़ज़लों को दो विभिन्न बहर में प्रस्तुत किया है और एक ग़ज़ल में मैंने 100 से ज़्यादा शेर लिखे हैं।

मुझे ये स्वीकारने में कोई संकोच नहीं है कि उर्दू के मामले में मेरा हाथ मेरी लाख कोशिशों के बावजूद तंग ही रहा है क्योंकि उम्र के इस पड़ाव पर आकर नया सीखना बहुत मुश्किल होता है। सो हो सकता है कि आपको तंग क़ाफ़िये या कई बार इस्ते'माल किये गये रदीफ़ से गुज़ारा करना पड़े और साथ ही ज्यादातर ग़ज़लें मीर की बहर में लिखी मिलें। आलोचकों को कई हिन्दी शब्दों का प्रयोग भी शायद अच्छा ना लगे पर अभिव्यक्ति भाषा की मोहताज नहीं हो सकती इसलिए हिन्दी-उर्दू शब्दों का मेल एक सोचा समझा प्रयोग है ताकि मेरी ग़ज़लों की पहुँच दूर तक हो सके ।

बहुत सारे लोगों ने मुझसे मेरे तख़ल्लुस को लेकर सवाल पूछे हैं क्योंकि यह कुछ नकारात्मकता को दर्शाता है। मेरे घर में कोई मुझे इस नाम से नहीं पुकारता था पर मेरे काले रंग के कारण कई लोग मुझे बचपन में 'कालू' नाम से संबोधित करते थे और मुझे इस सम्बोधन से घृणा होती थी। जैसे-जैसे मेरी उम्र बढ़ती गई और समझ परिपक्व हुई मेरे अन्दर ये भावना बलवती होती गई कि मुझे कुछ ऐसा करना है कि लोग मेरे रंग को भूल कर मेरे गुणों पर ध्यान दें। किसी और शा'इर का एक शेर मैं कई बार दोहराता हूँ :

ये काला रंग हमारा फरिश्तों की खता है
वो तिल बना रहे थे स्याही फिसल गई

रंग बदलना मेरे हाथ में नहीं था पर रंग के प्रति अपनी नकारात्मकता को बदलना और अपने इस डर को एक बार गले लगा लेना ताकि फिर डर मन से निकल जाये। इसलिए जब मैंने अपने लिये तख़ल्लुस चुनने का सोचा तो इससे बेहतर शब्द मैं नहीं सोच पाया :

काले हैं पर हैं दिल वाले
करने वाले प्यार बहुत हैं

मुझे नहीं पता कि मैंने अपना कोई मुकाम बनाया है या नहीं पर मैं स्वीकार करना चाहता हूँ कि मुझे अपने ख़्वाबों से कहीं ज़्यादा मिला है और इस सब में सबसे बड़ा योगदान मेरे माता-पिता के आशीर्वाद और मेरी पत्नी के सहयोग का रहा है। ये मेरा सौभाग्य रहा है कि मेरे पास परिवार जनों और मित्रों की

अथाह दौलत रही है जो मेरी अनुभूतियों, अनुभवों और अभिव्यक्तियों का प्रेरणा स्रोत रहे हैं।

ख़्वाब से कहीं बड़ा नसीब ये मेरा
किस तरह से शुक्रिया करूँ ऐ ज़िन्दगी

मैं आभारी हूँ अपने अभिन्न मित्र एवं लेखक श्री राजेन्द्र 'राजन' जी साहब का जिन्होंने मेरी इस पुस्तक की भूमिका लिखना स्वीकार किया और मेरी रचनाओं को इज़्ज़त बख़्शी। उनके मार्गदर्शन और हौसला अफ़ज़ाइश के लिये उन्हें शत शत नमन एवं धन्यवाद।

मैं विशेष रूप से आभारी हूँ सुश्री अंशु हर्ष जी का, जो मेरी पिछली किताब की प्रकाशक होने के साथ स्वयं एक बेहतरीन लेखिका हैं, जिनके माध्यम से मुझे वाणी प्रकाशन जैसे देश के सर्वश्रेष्ठ प्रकाशन संस्थान से जुड़ने का अवसर मिला।

अन्त में लेकिन सबसे महत्वपूर्ण आभार वाणी प्रकाशन एवं इसके प्रमुख श्री अरुण माहेश्वरी जी एवं उनकी सुपुत्री सुश्री अदिति माहेश्वरी गोयल जी का जिन्होंने ना केवल मुझ जैसे नए लेखक को अवसर दिया बल्कि मेरा हर स्तर पर प्रोत्साहन एवं सहयोग किया जिससे ये किताब बहुत ही कम समय में आपके समक्ष प्रस्तुत की जा सकी है।

सादर नमन

सुनील अटोलिया "कालू"

अनुक्रम

ऐ ज़िन्दगी

शिकवा क्या भला बता करूँ ऐ ज़िन्दगी
क्यों नयी कोई ख़ता[1] करूँ ऐ ज़िन्दगी

आजकल बुझा बुझा सा रहता हूँ ज़रा
कैसे ख़ुद से कम मिला करूँ ऐ ज़िन्दगी

मुझ को है पता नहीं यूँ तो हुआ मेरा
किससे अब तेरा पता करूँ ऐ ज़िन्दगी

जो लुटाने हैं कभी परायों पर यूँ ही
लम्हे वो कहाँ जमा करूँ ऐ ज़िन्दगी

मुश्किलें हों गर तो उनके हल भी तो मिलें
कितनी और इल्तिजा[2] करूँ ऐ ज़िन्दगी

कामयाबी मेरी है ये सच के दम से ही
कब तलक यक़ीं मेरा करूँ ऐ ज़िन्दगी

---

1. ख़ता–भूल, अपराध; 2. इल्तिजा–निवेदन, प्रार्थना

आईना वजूद[1] ना दिखा सका मेरा
कौन है जिसे मिला करूँ ऐ ज़िन्दगी

रोशनी मिले अगर मुझे किसी तरह
रास्ता किधर तका करूँ ऐ ज़िन्दगी

माँ तेरी अभी दुआ कई बची रक्खी
काहे दर्द ले फिरा करूँ ऐ ज़िन्दगी

ख़्वाब से कहीं बड़ा नसीब ये मेरा
किस तरह से शुक्रिया करूँ ऐ ज़िन्दगी

---

1. वजूद–अस्तित्व

चुपके से

वो मेरे दिल में यूँ समाई चुपके से
ज़िन्दगी हो गयी पराई चुपके से

पहले तो छीन कर क़रार[1] आँखों का
नींद मेरी है अब चुराई चुपके से

हाथ से हाथ ही नहीं मिलाया था
उँगली मेरी थी दबाई चुपके से

बातों बातों में जाने क्या हुआ उसे
अपनी गर्दन कन्धे टिकाई चुपके से

वैसे तो गालियाँ ज़माने में मुझे
देता है मेरी वो दुहाई चुपके से

सामने से कभी नहीं ख़फ़ा दिखा
मुझसे करता है वो लड़ाई चुपके से

---

1. क़रार–सुकून, चैन।

रात भर ठण्ड से लड़ी थी और फिर
खींच ली है मेरी रज़ाई चुपके से

जानती है माँ फिर भी मुझसे हर दफ़ा
पूछती है मेरी कमाई चुपके से

बात करने से जो नहीं बने कभी
मोड़ देना ज़रा कलाई चुपके से

छाछ दुनिया को बाँटी थी दिखाने को
खाई सारी बची मलाई चुपके से

चुपके चुपके कई दफ़ा मिले दिखें
करते हैं वो तभी रिहाई चुपके से

आज तक ना भुला सके हैं हम तेरी
वो कहानी जो थी सुनाई चुपके से

करने वाला बड़ाई सब से वो मेरी
मुझसे करता मेरी बुराई चुपके से

एक अरसे से वो मिला जुला नहीं
ग़लती मेरी है अब गिनाई चुपके से

माँ नहीं जान पाई था मुझे पता
फेंक देती सभी दवाई चुपके से

ढोल पीटें सदा कि साफ़ सुथरे हैं
ले रहे हैं वो अब बधाई चुपके से

सुन के बचपन में जो मैं सोता था सदा
माँ ने लोरी है वो सुनाई चुपके से

नौकरी की पिता को जो लगी ख़बर
बाँट दी गाँव में मिठाई चुपके से

नहीं है

दिल में अगर क़रार[1] नहीं है
कह दो हमसे प्यार नहीं है

दिल तेरा मज़बूर तो है पर
इतना भी लाचार नहीं है

हमको तो पूरा मिलना है
आधा कुछ स्वीकार नहीं है

नींव अगर विश्वास पे रखो
रिश्तों में दीवार नहीं है

सच की राह पे चल के देखो
आसां है दुश्वार[2] नहीं है

आँखों में आने मत दीजे
सपना जो साकार नहीं है

---

1. क़रार–सुकून, चैन; 2. दुश्वार–कठिन, मुश्किल।

साँचे में ढाला जाये जो
मेरा वो आकार नहीं है

ईंट और पत्थर जोड़ बनाया
कहलाता घर बार नहीं है

जिसकी ख़ातिर दौड़ रहा हूँ
मेरा ये संसार नहीं है

ग़म मेरे बिकने को हाज़िर
क्या कोई बाज़ार नहीं है

मरने की दुआ क्यों दें इसको
इतना भी बीमार नहीं है

कुछ गुण भी तो होंगे कालू में
इतना भी बेकार नहीं है

अभी तक

1

रूठे हैं सरकार अभी तक
रिश्तों में दीवार अभी तक

आँखों में इक़रार[1] उनके
होठों पे इनकार अभी तक

प्यार हमसे करते हैं पर
है नहीं इज़हार[2] अभी तक

एक झलक ही काफ़ी थी बस
तेरे हैं बीमार अभी तक

दुनिया चाहे कुछ भी समझे
करते हैं शृंगार अभी तक

तोड़े उनकी गिनती भूले
वादों की भरमार अभी तक

1. इक़रार–स्वीकार करना, सहमति देना; 2. इज़हार–प्रकट, सामने आना।

रिश्ता टूटा साथ छूटा
दिल में हैं अंगार अभी तक

चाहते तो खोल देते
तेरे सब असरार[1] अभी तक

तेरी बातें गूँजें बन के
कानों में झंकार अभी तक

याद शायद मेरी आई
लाल क्यों रुख़्सार[2] अभी तक

अरसा बीता रिश्ता टूटे
करते हैं तीमार[3] अभी तक

बेटे ख़ुश परदेस बैठे
सूने हैं घर बार अभी तक

सपने सारे भूलें कैसे
जिनकी की संभार अभी तक

1. असरार–भेद, राज़; 2. रुख़्सार–कपोल, गाल; 3. तीमार–सेवा सुश्रुषा, देखभाल।

किससे लड़ने को ले रखे
हाथों में हथियार अभी तक

दौड़ के भी दूर कालू
दुनिया की रफ़्तार अभी तक

2

रूठे से हैं सरकार अभी तक
रिश्तों में हैं दीवार अभी तक

आँखों में इक़रार है उनके
होठों पे पर इनकार अभी तक

प्यार तो हमसे करते हैं पर
किया नहीं इज़हार अभी तक

एक झलक ही तो काफ़ी थी बस
तेरे हैं हम बीमार अभी तक

दुनिया नहीं पर अपनी ख़ातिर
करते हैं वो श्रृंगार अभी तक

तोड़े जो उनकी गिनती भूले
वादों की है भरमार अभी तक

रिश्ता टूटा साथ भी छूटा
दिल में क्यों अंगार अभी तक

हमने छुपा रखे हैं दुनिया से
तेरे सब असरार अभी तक

उनकी हँसी की खनक ना भूले
कानों में है झंकार अभी तक

शायद मेरी याद आई है
लाल हैं क्यों रुख़्सार अभी तक

दिल को तोड़ के दूर गये हैं
करते हैं पर तीमार अभी तक

बेटे ख़ुश परदेस में बैठे
सूने हैं ये घर बार अभी तक

सामने कोई नहीं है मुकाबिल
हाथों में सब हथियार अभी तक

उन सपनों को कैसे छोड़ें
जिनकी की है संभार अभी तक

दौड़ के भी दूर है क्यों कालू
दुनिया की ये रफ़्तार अभी तक

की है

हमने कौन सी चाँद सितारों की ख़्वाहिश[1] की है
मेरे घर का भी दीया जले ये परस्तिश[2] की है

कहीं ग़लत ना समझ लेना तुम मेरी मिन्नत[3] को
भीख नहीं माँगी है हक़ की गुज़ारिश[4] की है

कोई शौक़ नहीं ग़ैरों से तरफ़दारी[5] का
बस घर की बात घर में रहे ये कोशिश की है

बात हमारी कड़वी थी पर सच्ची भी तो थी
लोगों ने तो सच को छुपाने की साज़िश की है

लोगों ने फेंके हैं मुझ पे ईंट और पत्थर
मैंने तो उन पे सिर्फ़ फूलों की बारिश की है

1. ख़्वाहिश–चाहत, इच्छा; 2. परस्तिश–पूजा, इबादत; 3. मिन्नत–विनती;
4. गुज़ारिश–आवेदन, निवेदन; 5. तरफ़दारी–हिमायत, मदद।

क्यों देते हो

मेरे अरमानों को नई हवा क्यों देते हो
उम्र लम्बी हो ऐसी दुआ क्यों देते हो

मेरे प्यार का ऐसा सिला क्यों देते हो
अपनी नज़रों से यूँ गिरा क्यों देते हो

दर्द हद से गुज़रेगा खुद मिट जाएगा
मुझे दर्दे दिल की ये दवा क्यों देते हो

झूठ बोलने वाले लोग हैं मज़े में
सच बोला मैंने तो सज़ा क्यों देते हो

लौटा हूँ पूरी रात मैं रिक्शा चलाकर
सुबह अलार्म से मुझको जगा क्यों देते हो

जब ग़ैरों की है नहीं कमी इस दुनिया में
फिर अपनों को भला तुम दग़ा क्यों देते हो

बड़ी मुश्किल से बुझने को है यादों की ज्वाला
ख़्वाबों में शोलों को हवा क्यों देते हो

लब पे ये बात कि प्यार नहीं है हमसे
तो फिर मुझको देख कर लजा क्यों देते हो

जब ये तय है कि नहीं मिलना है आगे
मुझे तुम अपने घर का पता क्यों देते हो

है जो दिल पे लिखा वो तो मिट नहीं सकता
नाम तख़्ती पर लिखकर मिटा क्यों देते हो

इतना कुछ तो पाया है उससे तुम ने
उसके एहसानों को भुला क्यों देते हो

आते हैं

सारे नख़रे उनके हम उठाते हैं
पूछते हैं फिर भी कि क्या कमाते हैं

कुछ अलग तरीक़ा प्यार जताने का
वो एक नयी तरह से सताते हैं

हमसे इश्क़ है ये कभी नहीं कहते
मिलने को तड़पें, मिलें शर्माते हैं

ज़िक्र निकला है मेरा जब महफ़िल में
हो कर अंजान सब को वो भरमाते हैं

कौन आए तेरे मय-कदे में साकी
अपनी आँखों से वो हमें पिलाते हैं

जब भी हम मिलने का पूछें उनसे
हर बार बहाना नया बनाते हैं

हमको ही तो शौक है आँख धोने का
कौन कहता है वो हमें रुलाते हैं

चाँद बादलों में मुँह छुपा लेता है
अपने चेहरे से ज़ुल्फ़ जब हटाते हैं

ये लाज़िम[1] नहीं कि हम बनें दोस्त मगर
किरदार[2] अपने अच्छी तरह निभाते हैं

पूछते हैं लोग हमारा रिश्ता क्या है
हम उनको भला क्या कह के बुलाते हैं

वैसे तो हर बात है भली उनकी
जाने क्यों ख़ुद को बुरा बताते हैं

मर मिटते हैं जो औरों की ख़ातिर
कैसे जीना है वो हमें सिखाते हैं

आये थे ख़्वाबों में वादा करने
उनके इंतज़ार में पलकें बिछाते हैं

भला करके किसी का सदा भूला कीजे
एहसान अपने यूँ नहीं जताते हैं

---

1. लाज़िम–ज़रूरी, अनिवार्य; 2. किरदार–पात्र, चरित्र।

डोर मेरी है अब उन के हाथों में
जैसे जी चाहे पेंच लड़ाते हैं

सपने वो नहीं जो देखें नींदों में
सपने वो जो नींदें तेरी उड़ाते हैं

हम चुका नहीं सकते इनकी क़ीमत
ये मोती ऐसे नहीं लुटाते हैं

कौन जाने किस घड़ी में मौत आ जाये
ज़िन्दगी को फिर किसलिये बचाते हैं

जाने कैसा जादू है उनकी आँखों में
उनको देख के हम ग़म भूल जाते हैं

सिर्फ़ बातों में ही फूल नहीं झड़ते
नज़रों से भी बिजलियाँ गिराते हैं

था सिखाया जिनको कभी गिनना मैंने
वो ही आज मेरी ग़लतियाँ गिनाते हैं

कभी आकर तो तू ये जान भी लेना
कैसे हम दिल को अपने मनाते हैं

उनकी ज़बाँ पर मेरे शेर हैं कालू
तो क्या हम भी उनको याद आते हैं

लिख दूँ क्या

हैं दिल में जो अरमान कहीं पे लिख दूँ क्या
हैं जीने के सामान कहीं पे लिख दूँ क्या

क्या दूँ मैं उसके हिस्से अपनी वसीयत में
हैं उस के जो एहसान कहीं पे लिख दूँ क्या

यूँ तो बड़ा ही मुश्किल है ये जीवन का सफ़र
हैं राहें वो जो आसान कहीं पे लिख दूँ क्या

अक्स उनका बस एक बार देखा था आईने में
हैं डोले मेरे ईमान कहीं पे लिख दूँ क्या

मिलने को तरसते हैं पर इक़रार नहीं करते
हैं सनम मेरे नादान कहीं पे लिख दूँ क्या

जाने कैसे आए हम उस दिन उनके ख़यालों में
हैं अब तक वो हैरान कहीं पे लिख दूँ क्या

सच सोचना भी मत गुनाह हो गया है ये अब
हैं किसके ये फ़रमान कहीं पे लिख दूँ क्या

यूँ ही थोड़े वो क़सीदा लिखते हैं मुझ पर
हैं क्यों सारे ये गुणगान कहीं पे लिख दूँ क्या

चिपका रखे हैं ये जो सारे फ़ोटो अपने
हैं नक़ली सब मुस्कान कहीं पे लिख दूँ क्या

मेरी ख़ामोशी को ना लीजिए यूँ हल्के में
हैं छुपे इसमें तूफ़ान कहीं पे लिख दूँ क्या

छुपेंगी ना ये बातें, यादें, मुलाक़ातें सारी
हैं आँखें जो निगरान[1] कहीं पे लिख दूँ क्या

गिनती भूले याद करके मोहब्बत के फ़ायदे
हैं इसमें जो नुक़्सान कहीं पे लिख दूँ क्या

उनसे मिलने की घड़ी आयी है मुश्किल से
हैं जी मेरे हलकान[2] कहीं पे लिख दूँ क्या

आते हैं देखने लोग कहाँ कहाँ से इन को
हैं महल सारे वीरान कहीं पे लिख दूँ क्या

---

1. निगरान–नज़र रखना; 2. हलकान–परेशान।

नित नये किये हैं हाकिम ने भरमाने को
हैं झूठे सब ऐलान कहीं पे लिख दूँ क्या

वो जो बने फिरते हैं दुनिया में ख़ुदा बनकर
हैं कितने वो इन्सान कहीं पे लिख दूँ क्या

हम भी कम नहीं हैं मीर और ग़ालिब से कालू
हैं बाक़ी जो दीवान कहीं पे लिख दूँ क्या

कभी तो

अच्छे हों हालात कभी तो
कह दो दिल की बात कभी तो

तेरे अन्दर जो हैं सारे
जानें हम जज़्बात[1] कभी तो

लब पर जो ठहरे रखे हैं
गा लें वो नग़मात[2] कभी तो

तेरे मेरे बीच ना कोई
आएगी वो रात कभी तो

आओ तो फिर जा ना पाओ
इतनी हो बरसात कभी तो

मतलब से मिलते रहते हो
मिल लो ना बेबात[3] कभी तो

---

1. जज़्बात–भावनाएँ, विचार; 2. नग़मात–बहुत से नग़मे/गीत; 3. बेबात–बिना कारण।

दिल में जो चुभते रहते हैं
भूलें वो लम्हात[1] कभी तो

तेरे दिल में तेरा क्या है
दे दिल की सौगात कभी तो

ज़िन्दगी कोई खेल नहीं है
छोड़ो ये शह मात कभी तो

जितना चाहें उतना पायें
हो इतनी इफ़रात[2] कभी तो

कभी तो जानें पास पड़ोसी
शहर बने देहात कभी तो

अपना आपा खोने वाले
कहलाते बद-ज़ात[3] कभी तो

फूलों जैसे लगते हमको
रास्तों के ख़तरात[4] कभी तो

---

1. लम्हात–बहुत से क्षण/पल; 2. इफ़रात–बाहुल्य, प्रचुरता, अतिरिक्त;
3. बद-ज़ात–दुष्ट, बुरी प्रकृति वाला, ख़राब; 4. ख़तरात–भय, आशंकाएँ।

बैठे हैं ऊँचे महलों में
जानेंगे औकात कभी तो

खुद पर मोहित रहने वाले
मिट्टी होगी गात[1] कभी तो

कब तक आँसू साथ चलेंगे
ग़म पर होगी घात कभी तो

कल की ख़ातिर जीने वाले
आज से हो शुरुआत कभी तो

कालू थोड़ा अच्छा सोचो
बन जाओ सादात[2] कभी तो

---

1. गात–देह, काया; 2. सादात–श्रेष्ठ जन।

ख़ज़ाने से

1

कोई शिकवा नहीं ज़माने से
मैं मिटा ही नहीं मिटाने से

अब वो आते नहीं बुलाने से
ग़म जो भागे हैं मुस्कुराने से

ज़िन्दगी ख़र्च हो गयी सारी
थक गया हूँ मैं इस कमाने से

इश्क़ की आग को ज़रा समझें
है ये बुझती नहीं बुझाने से

रग में हो बेतकल्लुफ़ी बहती
ढूँढ़ता दोस्त वो पुराने से

इश्क़ है तो लुका छुपी कैसी
मिलने आते हैं क्यों बहाने से

नींद आँखों को इंतज़ार तेरा
सपने बुनता रहूँ सुहाने से

तुझसे मिलकर मुझे लगा ऐसा
ज्यों हक़ीक़त मिले फ़साने से

क्यों न देखें, कहें, सुनें इसको
सच डरा है कभी डराने से

तेरी क़ातिल अदा के क्या कहने
तीर चूका नहीं निशाने से

एक मुश्किल मेरे सर आन पड़ी
अपने डरते हैं पास आने से

रूठने में अलग मज़ा एक था
मान कैसे गये मनाने से

ग़ैर के दर्द दिल ये सह लेता
बाज़ ना आये तुम रुलाने से

तेरी तस्वीर देख ली शायद
भागते फिर रहे दिवाने से

लाख कोशिश मुझे पड़ी भारी
भूल पाए न हम भुलाने से

किसलिए था बता दिया छोटा
बन गये हो बड़े उठाने से

दोस्तों का है शुक्रिया इतना
दुश्मनी को सही निभाने से

ज़िद हमें थी ख़ुदी[1] को खोने की
उसने रोका था दिल लगाने से

ग़म ये हद से गुज़र गये कालू
उनको देंगे लगा ठिकाने से

ये ग़ज़ल लो नयी ख़ज़ाने से

2

कोई शिकवा नहीं ज़माने से
मैं मिटा ही नहीं इसके मिटाने से

अब वो आते नहीं बुलाने से
ग़म भागे हैं जो मुस्कुराने से

ये ज़िन्दगी ख़र्च हो गयी सारी
देखो मैं थक गया हूँ कमाने से

इश्क़ की आग में जलने वाले सुन
आग ये बुझती नहीं बुझाने से

जिन रगों में बेतकल्लुफ़ी बहती
ढूँढता हूँ वो दोस्त पुराने से

इश्क़ दिखाना भी है छुपाना भी
मिलने आते हैं वो बहाने से

नींद आँखों को है इंतज़ार तेरा
सपने बुन रहा हूँ कुछ सुहाने से

तुझसे मिलकर ये एहसास हुआ
जैसे हक़ीक़त मिले फ़साने से

कहने, सुनने, देखने पर पहरे
सच डरता है कब यूँ डराने से

उनकी अदा के क्या कहने यारों
तीर जो चूका नहीं निशाने से

कल एक मुश्किल मेरे सर आन पड़ी
सारे अपने लगे बेगाने से

हमसे रूठने में एक अलग था मज़ा
मान वो कैसे जाते मनाने से

औरों के दर्द तो हम सह लेते
बाज़ ना आये तुम भी रुलाने से

तेरी तस्वीर देख ली शायद
भागते फिर रहे हैं दीवाने से

कोशिश में कोई कसर नहीं छोड़ी
भूल कहाँ पाए हम भुलाने से

औरों को छोटा बता कर क्या हासिल
खुद उठ जाते किसी को उठाने से

दोस्तों का शुक्रिया तो बनता है
दुश्मनी अच्छी तरह निभाने से

ज़िद हमें ही थी ख़ुद को खोने की
उसने तो रोका था दिल लगाने से

ग़म फिर हद से गुज़र गये कालू
उनको लगा है दिया ठिकाने से

ग़ज़ल ये एक नयी मेरे ख़ज़ाने से

यारों

कोई सुन तो ले हमारी यारों
ज़िन्दगी कैसे गुज़ारी यारों

कितनी मुश्किल से बचे हैं ज़िन्दा
घेरे मुझको थे शिकारी यारों

रिश्ता कैसे मैं बचाता अपना
गल्ती सारी हैं बिसारी यारों

इश्क़ में फ़र्क़ नहीं पड़ता है
कौन है किसका पुजारी यारों

सारे ख़ुश हैं लगा कर भी इसको
इश्क़ है ऐसी बिमारी यारों

बाँट दी उसने ख़ुशी औरों में
समझे थे हम तो भिखारी यारों

देखी थी एक झलक बस उनकी
उतरी थी सारी खुमारी यारों

एक झटके ने ज़मीं ला पटका
शान अपनी जो बघारी यारों

अपनी हस्ती को मिटा कर ज़िन्दा
मौत उनको थी दुलारी यारों

देख कर उस को रहे हम ज़िन्दा
काट दें कैसे फ़रारी यारों

खेल सारा ये दुआओं का है
ज़िन्दगी मेरी निखारी यारों

उसकी तो गत सदा से है बिगड़ी
दुनिया जिसने भी सुधारी यारों

झाँकता सच दिखा है इसमें तो
किसने तस्वीर उतारी यारों

नाचते थे कभी सिक्कों पर जो
बन गये हैं वो मदारी यारों

दुनिया हम पे फ़िदा होती कालू
शक्ल होती जो सँवारी यारों

यारों को बता देना

दिल में है जो बात यारों को बता देना
जब लम्बी लगे रात यारों को बता देना

ये खेल अकेला तो नहीं खेलता तू है
मिलती शह या मात यारों को बता देना

वो कौन है जिसको कोई ग़म नहीं होता
कैसे भी हों हालात यारों को बता देना

रोना कमियों का ही मत गाना उनसे
जब कभी हो इफ़रात[1] यारों को बता देना

अपनों से शर्म भला तुम क्यों करते हो
खायी दुनिया से लात यारों को बता देना

दुनिया को आईना दिखते रहना कालू
किसकी क्या है औक़ात यारों को बता देना

---

1. इफ़रात–प्रचुरता, आधिक्य।

देते

1

चाहते तो हम भुला देते
ख़ुद को ही पर हम सज़ा देते

एक ही मूरत बसी इसमें
चीर अपना दिल दिखा देते

दिल दिया जां भी अता मेरी
और इससे ज़्यादा क्या देते

दिल पे इतना बोझ ना होता
अश्क आँखों से गिरा देते

जीत जाते हार कर दिल को
अपनी हस्ती जो मिटा देते

तेरे हाथों गर दवा ना थी
मुझ को मरने की दुआ देते

रिश्ता उनसे यूँ बना रहता
हक़ मेरा भी कुछ जता देते

मरने में क्या ही मज़ा होता
क़ब्र में उनकी सुला देते

मेरे किस्से सुन कभी लेते
ये तो पत्थर को रुला देते

हमसे दिल को जोड़ने वाले
तोड़ना दिल भी सिखा देते

बात निकली थी वहाँ कालू
शेर अपने भी सुना देते

2

चाहते हम तो सब भुला देते
ख़ुद को ही पर ये हम सज़ा देते

एक मूरत ही तो बसी इसमें
चीर अपना ये दिल दिखा देते

दिल दिया जां भी है अता मेरी
और ज़्यादा तो क्या भला देते

दिल पे इतना तो बोझ ना होता
अश्क आँखों से गर गिरा देते

जीत जाते लो हार कर दिल को
अपनी हस्ती तो हम मिटा देते

तेरे हाथों में गर दवा ना थी
मुझ को मरने की तो दुआ देते

रिश्ता उनसे यूँ ही बना रहता
हक़ मेरा भी तो कुछ जता देते

मरने में क्या ही तो मज़ा होता
क़ब्र में उनकी गर सुला देते

मेरे किस्से जो सुन कभी लेते
वो तो पत्थर को भी रुला देते

हमसे दिल को यूँ जोड़ने वाले
तोड़ना दिल भी तो सिखा देते

बात निकली थी जब वहाँ कालू
शेर अपने भी दो सुना देते

उसका था

मैं उबरा हूँ ग़म से ये बस भरम उसका था
उसे शायद याद नहीं कि ये ग़म उसका था

भूला होगा शायद वो पर मैं नहीं हूँ भूला
चले जब साथ में तो पहला वो क़दम उसका था

जाना कुछ तो ये जाना कि कुछ भी नहीं आता
मुझको मालूम है सब कुछ ये वहम उसका था

ज़ख़्म देने वाले को इसका एहसास भी नहीं
ज़ख़्म और करे गहरा वो मरहम उसका था

है शुक्रिया उसने मुझे कहीं का नहीं छोड़ा
मेरी शख़्सियत[1] बनने में ये करम उसका था

इस बदलती दुनिया से वफ़ा की उम्मीद ना कर
आज है जो मेरा कल तक वो सनम उसका था

मेरे शेरों पे हक़ उसका इतना था कालू
अल्फ़ाज़ मेरे थे सारे पर कलम उसका था

1. शख़्सियत–व्यक्तित्व।

दी हैं

आँखों पे थी जो पट्टियाँ अब उतार दी हैं
हमने अपनी सारी ग़लतियाँ सुधार दी हैं

ग़म के काँटों को बोकर दिल में अपने
तेरे दिल को ये सब खुशियाँ उधार दी हैं

काटे हैं कितने दिन बिन खाये कुछ भी
कितनी रात बिना सोये ही गुजार दी हैं

कैसे भी ये रिश्ता बना रहे अपना
खताएँ उसकी हमने ढेरों बिसार[1] दी हैं

मुंसिफ़ ने ही लगाए थे इल्ज़ाम वो सब
दलीलें सारी मेरी उसने नकार दी हैं

उम्र लगी थी जिन्हें भुलाने में हम को
तेरे ज़िक्र ने वो चोटें फिर उभार दी हैं

1. बिसार–भुला; 2. जुल्म-ओ-सितम–उत्पीडन, अत्याचार।

आज़मा ले अपने सारे ज़ुल्म-ओ-सितम[2] मुझ पर
मेरी माँ ने मुझे दुआएँ हज़ार दी हैं

मुश्किलों में रहकर ही तो सँवरे हैं इन्सान
काँटों ने गुलशन की कितनी कलियाँ निखार दी हैं

गुज़रने वाले हैं वो जिन भी सारी राहों से
हमने अपनी पलकों से देखो बुहार दी हैं

कैसे कर पाऊँगा शुक्रिया मैं उस का
मुझ पर अपनी खुशियाँ सारी निसार दी हैं

मर के भी उसको जीना हो गया मुमकिन
ज़िन्दगी जो एक मौत ने संवार दी हैं

सभी

भाग रहे पैसे के पीछे कितने हैं नादान सभी
औरों को समझाने वाले ख़ुद से हैं अंजान सभी

दुनिया बस एक मोह माया है आँखों का एक धोखा है
चाहे जितने भी पूरे हों पर बाकी हैं अरमान सभी

अभी तो हम आए दुनिया में और अभी जाने की बारी है
है एक सराय कि जिसमें कुछ दिन के हैं मेहमान सभी

हर दिन यहाँ जुटा करती थी देखो भीड़ हज़ारों की
कुर्सी से कल ही उतरे लो बंगले हैं वीरान सभी

ऊपर से तो हैं दिखते हिन्दू मुस्लिम सिख ईसाई
पीड़ा देखी तो समझे कि अन्दर से हैं इन्सान सभी

कल तक जो आपस में लड़ते थे मरने और मिटाने को
हाथ मिलाते मतलब ख़ातिर देख के हैं हैरान सभी

टपकता रहता था उनकी ज़ुबान से शहद सा वो मीठा रस
परखा उनको तब जाना कि फीके हैं पकवान सभी

साँसों में महका करती है तब जब कि तू नहीं हो साथ
तेरी ख़ुशबू ले जाने को जलते हैं लोबान[1] सभी

इस नए दौर में भाग रहे हैं पीछे सभी बनावट के
अलमारी के अन्दर झाँको बिखरे हैं सामान सभी

मतलब की इस दुनिया के इन रिश्तों का व्यापार समझ
फ़ायदे उनके हिस्से सारे मेरे हैं नुक़्सान सभी

एक हमीं को शौक़ चढ़ा है सच की राह पे चलने का
लोग किनारे बैठे और हमने झेले हैं तूफ़ान सभी

क्या कहिए उनकी फितरत का जो बैठे हैं गद्दी पर
कपड़े तो साधु जैसे पर वैसे हैं शैतान सभी

पहले कभी कभी होते थे हादसे अब तो आम हुए
लाशों का ये अम्बार देख सहमे हैं शमशान सभी

पहले तो नहीं समझे थे क़ीमत अपने बड़े बुज़ुर्गों की
बच्चों से मिलते जब ताने समझे हैं ज़िंदान[2] सभी

सच्चाई का चोला पहने हर कोई है बाज़ार खड़ा
सच कहते हो तुम कालू कि बिकते हैं ईमान सभी

1. लोबान–वृक्ष से निकाला गया सुगन्धित गोंद जो जलाये जाने पर सुगन्ध देता है।
2. ज़िंदान–कैद खाना, जेल।

हैं जी

हम तो बड़े अजीब से हैं जी
यूँ ही बेतरतीब से हैं जी

जैसे दिखते हैं दूर से हम
वैसे ही तो क़रीब से हैं जी

मंज़िल हाथ से रेत सी फिसली
हम ही रूठे नसीब से हैं जी

जिनकी ख़ातिर नींदें खोईं
ख़्वाब ज़मीं पे कबीब[1] से हैं जी

कल तक जो थे दोस्त हमारे
वो भी बने रक़ीब[2] से हैं जी

पैसों का रोब झाड़ने वाले
दिल से तो वो गरीब से हैं जी

---

1. कबीब–औंधे मुँह पड़ा हुआ; 2. रक़ीब–प्रतिस्पर्धी।

लब से अपने नहीं कहते हैं
अंदाज़ तो हबीब[1] से हैं जी

हमसे ना पूछ हक़ीक़त उनकी
दिखने में जो नजीब[2] से हैं जी

लड़ते हैं बाप की दौलत को
भाई हो कर रबीब[3] से हैं जी

धर्म के नाम पे दंगे वाले
घूमें सभी ख़तीब[4] से हैं जी

रंग कुर्सी का जब चढ़ जाता
बोलें गधे लबीब[5] से हैं जी

उनके कलाम पे दाद नहीं क्यों
कालू भी तो अदीब[6] से हैं जी

---

1. हबीब–प्रेमपात्र, प्रेमी; 2. नजीब–शरीफ़, सम्मानित; 3. रबीब–सौतेला;
4. ख़तीब–धर्मोपदेशक; 5. लबीब–बुद्धिमान; 6. अदीब–लेखक, साहित्यकार।

कर के देखो

ख़्वाहिशों को कभी थोड़ा कम कर के देखो
दुनिया की इस दौड़ में थम कर के देखो

अपने ग़मों में डूबे रहोगे यूँ कब तक
अपनों का भी अपना ग़म कर के देखो

साफ़ दिखेगा जो धुंधला दिखता अब तक
अपनी आँखों को ज़रा नम कर के देखो

आसाँ हो जायेगा जीना तब तुमको भी
अपने लहज़े को हल्का नरम कर के देखो

हर कोई है अपना लो बस पराया मैं हूँ
दिल में अपने ऐसे भरम कर के देखो

औरों पे तो अक्सर करते हो तुम कालू
ख़ुद पे भी तो कोई सितम कर के देखो

माँ याद बहुत आती है

माँ हमसे कभी भी नहीं दूर जाती है
रोम रोम में तेरे वो आ समाती है

ख़ुदा तो मशग़ूल[1] है दुनियादारी में
दुनियादारी क्या है वो सिखाती है

जाने क्या जादू है उसकी नज़रों में
कैसे बुरी नज़रों से जाने बचाती है

मैं जब कभी भी करवट बदलूँ बेबस
जिनसे सोऊँ वो लोरियाँ सुनाती है

जो सबक़ पढ़े ना थे कभी किताबों में
बातों ही बातों में सब वो बताती है

कितना हसीं लगता ये चेहरा मेरा
अपनी आँखों में आईना दिखाती है

अब जब वो है ही नहीं मेरे आस पास
उसकी याद हर पल मुझे सताती है

1. मशग़ूल–व्यस्त, लीन।

मदर्स डे

माँ के नाम पे सिर्फ़ एक दिन ये गुज़र करते हैं
ये बच्चे तेरे सब एहसास को सिफर करते हैं

अपनों में रहकर भी कितनी बेगानी सी है तू
यूँ दिखाने को तो तेरी ये बहुत कदर करते हैं

दौलत बेशुमार यूँ तो क़माई है हमने लेकिन
ऐ माँ तेरी दुआओं पे ही गुज़र-बसर करते हैं

जब कोई मुश्किल मेरे सिर पर आ जाती है
बस तेरे करम ही हैं जो मुझपे असर करते हैं

कोई ये बताए कि कैसे करूँ मैं शुक्रिया तेरा
माँ ये सारी काइनात ले तेरी नज़र करते हैं

मेरी माँ

माँ मेरी तो देखो झूठों की बादशाह निकली
उसकी हर मुस्कान के पीछे बस एक कराह निकली

मैं लो अमीरी में भी रिश्ते बचा ना पाया अपने
वो तो मगर ग़रीबी में भी हर रिश्ता निबाह[1] निकली

उठाओगे औरों को तो ख़ुद-ब-ख़ुद ही उठ जाओगे
कितनी ज़्यादा काम की मेरे उसकी सलाह निकली

यूँ तो मैं चारों तरफ़ से घिरा अपने चाहने वालों से
बस वो ही तो मेरी सच्ची एक ख़ैरख़्वाह निकली

गुनाह औलादों के सारे अपने सिर पर ओढ़े
उसकी रूह में थी पाकीज़गी वो बेगुनाह निकली

ज़माने भर की बुरी निगाहों से था बचाया मुझको
कितनी मुक़द्दस[2] थी उसकी मुझ पर हर निगाह निकली

1. निबाह–निभाना; 2. मुक़द्दस–दोषों और त्रुटियों से मुक्त।

जब भी कुछ चाहा तो हम औलादों के लिए चाहा
ख़ुद की ख़ातिर ना लबों से कभी कोई भी चाह निकली

जाने कब तक रात को मेरे सिरहाने रही बैठी
पलक झपकने ही वाली थी वो कि पगाह[1] निकली

मुश्किल जब भी कोई बड़ी मेरे सिर पर आई थी
सिर पर रखी उसकी दुआ से ही तो मेरी राह निकली

ख़ुद अपने हाथों से ही ख़ुदा ने उसे बनाया था जी
उस को बनाकर ख़ुदा के मुँह से भी वाह वाह निकली

क्यों ढूँढ़ना मन्दिर, मस्जिद, गिरजे या गुरुद्वारे
मेरे अपने ही घर में छुपी वो लाइलाह[2] निकली

जाने कैसे ताउम्र बाँटती रही ख़ुशियाँ सब को
उसके दामन में ग़मों की दौलत बेपनाह निकली

अपना वजूद जाने कहाँ रखा था छुपाकर उसने
अब ये जाना कि वो इतनी बड़ी सरबराह[3] निकली

---

1. पगाह–सुबह, प्रात:काल; 2. लाइलाह–ख़ुदा की पनाह; 3. सरबराह–मार्गदर्शक।

तरसते हैं

काट कर सज़ा तेरी रिहाई को तरसते हैं
ज़ख़्म अभी भरे नहीं दवाई को तरसते हैं

दूरियाँ दिलों की बढ़ रही हैं कुछ पता नहीं
रिश्ते सारे नाम के वफ़ाई को तरसते हैं

काटी उम्र सारी बस यूँ भागते हवस ही में
ख़र्चे अनगिनत हैं और कमाई को तरसते हैं

भीड़ में हैं खोए और सुध नहीं है ख़ुद की ही
राह में खड़े हो रहनुमाई[1] को तरसते हैं

कोशिशें सभी तो हमने कर के देख ली मगर
हमसफ़र बने हमनवाई[2] को तरसते हैं

कहते हर किसी से हैं कि तू बहुत भला सा है
एक हम ही हैं जो उस भलाई को तरसते हैं

हो चुकी है सब पे बस रहे हैं बाकी हम ही तो
ऐ ख़ुदा क्यों हम ही फिर ख़ुदाई को तरसते हैं

1. रहनुमाई–रास्ता बताना; 2. हमनवाई–मतैक्य, एक मत।

छोड़ देते हैं

तुम कहते तो लो चलो ये फ़िक्‍़रात छोड़ देते हैं
जिसमें भी ज़िक्र ना हो तेरा वो लम्हात छोड़ देते हैं

मिलना तो दूर अब तो वो बात भी नहीं करता मुझसे
साथ उसके जीने के सारे ख़यालात छोड़ देते हैं

कब हासिल होते हैं ग़रीबी को पल जो हों सुनहरे से
जूझती रहती है वहीं पर जहाँ हालात छोड़ देते हैं

माँ-बाप तो ता-उम्र नहीं होने देते हैं उन्हें यतीम
बच्चे वृद्धाश्रम में उन को बेबात छोड़ देते हैं

हाकिम जी हैं परेशाँ आज कोई हादिसा ना होने से
अवाम को फुसलाने को कोई ख़ुराफ़ात छोड़ देते हैं

सूखी आँखें, पथराई ज़ुबाँ, टूटा दिल, रूठे अल्फ़ाज़,
हम अब ये कागज़, ये कलम, ये दावात छोड़ देते हैं

मेरे होने न होने से कोई फ़र्क़ नहीं पड़ता लेकिन
तेरे जीने की ख़ातिर यादों की सौग़ात छोड़ देते हैं

कब, क्यों, कहाँ, कैसे, किससे, कितना दर्द है मिला हम को
अपनी वसीयत में ये अहम सवालात छोड़ देते हैं

रहा

दिल मेरा था नादाँ बहलता ही रहा
खाई चोटें लाख मचलता ही रहा

ना जाने कितनी दफ़ा वो गिर के उठा
गिरने को हर बार फिसलता ही रहा

खोया था मैं अपनी ही धुन में यूँ सदा
मंज़िल पीछे छूटी मैं चलता ही रहा

मैंने उसको ये कहा था बदले वो ख़ुद
और वो था कि कपड़े बदलता ही रहा

आँसू कुछ ही देर बहे सूख गये
मेरे दिल का मोम पिघलता ही रहा

सूरज सिर पर आग उगलने को खड़ा
भरने पापी पेट निकलता ही रहा

काश

काश कि मैंने ईमान बेच ही दिया होता
काश कि मैंने अपने होठों को सिया होता

सच को लेकर मारे मारे फिरते यूँ ही
काश कि मैंने झूठ मज़े ले कर जिया होता

एहसान उतारने का फ़ितूर चढ़ा था मुझ पर
काश कि मैंने एहसास ज़ब्त[1] कर लिया होता

खून के कड़वे घूँट ना आते हिस्से में मेरे
काश कि मैंने भी जाम हराम का ही पिया होता

अपने दम पर ही लड़ता तो हारता नहीं मैं
काश कि मैंने तुझ पर भरोसा ना किया होता

---

1. ज़ब्त–बर्दाश्त, सहन।

निकले

हर एक सवाल के कितने जवाब निकले
सिर हिला है ना में लब से मुजाब[1] निकले

गिनता हूँ नेमतें जो ख़ुदा ने की हैं मुझ पर
क़िस्मत में ख़ज़ाने लिखे बेहिसाब निकले

पलटा था दिल पे लिखी 'इबारत[2] को जब
पन्ने नहीं वो तो ढेरों किताब निकले

दोस्त मेरे सारे अच्छे हैं और देखो
एक हम ही थे बस जो कि ख़राब निकले

ग़म मिले हैं तो फिर ख़ुशियाँ हैं बस आने को
काँटों में छुपे बैठे सब गुलाब निकले

था भरोसा उनके जिन सारे वादों का
जानी है ये भी हक़ीक़त कि ख़्वाब निकले

मेरे हिस्से में ही आई ग़मों की दौलत
देने को लो मुझे ही ये ख़िताब निकले

1. मुजाब–स्वीकृति; 2. 'इबारत–आलेख।

यूँ ही

तेरे ख़यालों में आऊँगा मैं अक्सर यूँ ही
आकर वापस ना जाऊँगा मैं अक्सर यूँ ही

ख़ुद को तो कभी ख़ुद से मिला नहीं पाया था
तुझसे तुझको मिलाऊँगा मैं अक्सर यूँ ही

सुनाये थे महफ़िल में कई बार जो भी मैंने
क़िस्से वो ही फिर सुनाऊँगा मैं अक्सर यूँ ही

ये तेरा इश्क़ शौक़ नहीं आदत है मेरी
तुझे मगर ना जताऊँगा मैं अक्सर यूँ ही

हारो ख़ुद को तो जीती समझो ये बाज़ी
इश्क़ में तुझको जिताऊँगा मैं अक्सर यूँ ही

चाहे इल्ज़ाम मेरे सर पर रख दे सारे
बिगड़ी बातें बनाऊँगा मैं अक्सर यूँ ही

मेरे हाथों में नहीं है हो ता'बीर[1] इनकी
पलकों पे ख़्वाब सजाऊँगा मैं अक्सर यूँ ही

1. ता'बीर–ख़्वाब का परिणाम और वास्तविकता।

चले गये

जाना नहीं था दूर क्यूँ चलते चले गये
अपने ही ग़म की आग में जलते चले गये

उसकी अदा को समझे नहीं हैं जी अब तलक
उसको चला पता हमें छलते चले गये

कितनी की कोशिशें लो नहीं हैं कटे ये दिन
सूरज नहीं ढला तो ये ढलते चले गये

ख़ुद पर नहीं हमें है भरोसा तो ये हुआ
कितने थे शक जो दिल में यूँ पलते चले गये

ग़म इस कदर सजा रखे दिल में कि क्या कहें
ख़ुश रहने के ख़याल भी टलते चले गये

हम

दुनिया तेरे साँचे में ख़ुद को नहीं ढाल पाए हम
ग़ैर तो ग़ैर सही चोट अपनों की भी खाए हम

यूँ तो बहुत आसान सी थी कामयाबी की वो डगर
किसी के सिर की पगड़ी को तो ना उछाल छाए हम

उसने मेरी तरफ़ एक बार मुस्कुरा कर देखा
कसम ख़ुदा की बस थे फूले नहीं समाये हम

उससे मिलने में काइदा[1] और तकल्लुफ़ अब कैसा
पहुँच गए थे वहाँ मुँह उठाए बिना बुलाये हम

फ़रमाइश दस्तूर[2], सनम मग़रूर[3], गिला[4] भरपूर,
इश्क़ के रास्ते से उल्टे पैरों घर लौट आए हम

---

1. क़ाइदा–नियम, 2. दस्तूर–परम्परा, 3. मग़रूर–गुरूर, 4. गिला–उलाहना, शिकवा।

होता है

जब बुलन्दी चूमे क़दम तो ग़ुरूर[1] होता है
हर अफ़साना[2] खत्म लेकिन ज़रूर होता है

दौलत, शोहरत, सूरत, ताक़त बस कुछ पल के
इन्सान अपनी सीरत से ही मशहूर होता है

कौन आता है उसके दर पर चलकर यूँ ही
फैलाता है हाथ तभी जब मजबूर होता है

चूँकि अवाम भुला बैठी ताक़त अपनी
हाकिम इसलिए ही तो इतना मग़रूर[3] होता है

जाने किसको मिलता है सब्र का फल मीठा
हाथ जो भी आता है खट्टा अंगूर होता है

जाके किसी नाकाम 'आशिक़ से ज़रा पूछो तो
कैसा इश्क़ का चढ़ा ये फ़ितूर होता है

कहता था वो कि मर्द को दर्द नहीं होता
दिल टूटा तो बोला कि हुज़ूर होता है

---

1. ग़ुरूर–घमंड, अहंकार, 2. अफ़साना–क़िस्सा, कहानी, 3. मग़रूर–घमंडी।

में है

मेरा हर जवाब सवालों के घेरे में है
सच छुपकर बैठा झूठ के डेरे में है

क्या बयान करें अपनी गुमनामी का
आजकल उजाला छुपा अंधेरे में है

भटका था रात को अब सोया थक कर
ख़्वाब लौटा वापस अपने बसेरे में है

शाम तक नहीं आया सुबह का भूला
समझे बैठा है कहीं कि सवेरे में है

बातें हैं तो ढेरों मगर करें किस से
खोया हर कोई इस अजब घनेरे[1] में है

अब तो वो मिलते हैं हमसे ख़्वाब में ही
दिल को ये भरम कि वो साथ मेरे में है

1. घनेरे–बहुत घना, 2. अय्यारी–वेश बदलना, छल, चालाकी।

क्यों देखते हैं, सोचते हैं बस तुझको
अब तो ज़िन्दगी मेरी बसी तेरे में है

जाने कैसे ले उड़ा वो चैन ओ क़रार
'अय्यारी[2] ग़ज़ब की सनम लुटेरे में है

है जी

सच सुनना अब किसे गवारा[1] है जी
झूठ मगर लो सब का प्यारा है जी

माँ बाप की दुआ हो सिर पे जिसके
कहता कौन उसे बेसहारा है जी

चढ़ बैठा था कभी जो बुलंदियों पर
आज वो हाकिम देखो बेचारा है जी

जाने ताउम्र इंतज़ार हो कैसे
एक दिन ही मुश्किल से गुज़ारा है जी

कुछ तो है बात उस हसीं चेहरे में
ना हटे ये नज़र ऐसा नज़ारा है जी

करता नहीं है सिवाय बड़ी बातों के
सबकी आँखों का क्यों दुलारा है जी

---

1. गवारा–मान्य, पसन्द।

भोले हो इतना भी नहीं समझे हो
ये जो तोड़ा है दिल हमारा है जी

ज़िन्दगी का मक़सद हमने ये समझा
साँस और आस का खेल सारा है जी

झूठी हँसी के जाल में फँसकर के
रुकती नहीं आँसुओं की धारा है जी

भोली अवाम को भरमाने की ख़ातिर
खेला फिर वही खेल दोबारा है जी

करने को ख़ुद की आज़माइश मैंने
भँवर में फिर कश्ती को उतारा है जी

उसकी आँखों में डूब कर ये जाना
गहरा समंदर से भी किनारा है जी

देखकर अनदेखी फिर यूँ मुस्कुराना
उनका ये किस तरफ़ को इशारा है जी

दिल मेरा तोड़ने से पहले सोचो
कितनी मुश्किल से संवारा है जी

महफ़िल में हर अपना पराया आया
उसने बस एक हमें ही बिसारा है जी

तेरे इश्क़ से ही है गुज़ारा अपना
दुनिया सोच रही नाकारा है जी

कभी जो दिख जाएँ हम गली में उनकी
कहते हैं सबसे वो कि आवारा है जी

हो गया हूँ

अपनों के बीच में भी गुमनाम हो गया हूँ
आया नहीं लबों तक वो जाम हो गया हूँ

हुई ज़रूरत पूरी पर ख़्वाहिशें अधूरी
टुकड़ों की ख़ातिर मैं नीलाम हो गया हूँ

भटका हुआ हूँ कबसे ख़बर नहीं है मुझको
ना जाने कैसे 'अवाम-कल-अन'[1] आम हो गया हूँ

हालातों का मारा, दुनिया समझे बेचारा
अपने ही सिर पे रखा हुआ इन'आम[2] हो गया हूँ

जीता ना था जब मैं सीखा था तब बहुत कुछ
दुनिया सोच रही कि नाकाम हो गया हूँ

ज़ालिम ने मुझसे पूछा उसका पता अदा से
आगाज़ कर रहा था और अंजाम हो गया हूँ

---

1. 'अवाम-कल-अन' आम–मवेशियों जैसे लोग
2. इन'आम–पुरस्कार, भेंट

'इश्क़ में तेरे सारी हदें पार की थीं मैंने
मशहूर होके इतना लो बदनाम हो गया हूँ

कुछ इस कदर चढ़ा है मुझपे ये रंग तेरा
तेरे 'इश्क़ में जाना गुलफाम हो गया हूँ

क्यों नहीं पढ़ पाया था तू कोरे काग़ज़ों को
जो तुझ तक ना पहुँचा वो पैग़ाम हो गया हूँ

मरता नहीं हूँ तुझपे तो जीता किस तरह से
कुछ ज़्यादा ही संगीन इल्ज़ाम हो गया हूँ

इस्लाम देखता हूँ घनश्याम सोचता हूँ
क्या सारे मज़हबों का इल्हाम[1] हो गया हूँ

बरसों का जागा था सोया नहीं था कब से
थक के क़ब्र में लेटा आराम हो गया हूँ

---

1. इल्हाम–ईश्वरीय ज्ञान, देववाणी

जाए

सच जो कहीं पे झूठ के साँचे में ढल जाए
खोटा सिक्का हर बाज़ार में चल जाए

वो बसा है मेरे ख़्वाबों और ख़यालों में
दुनिया ये जलती है अगर तो जल जाए

भावना में सम्भावना को ढूँढ़े शायद
रिश्ता जो कि वक्त के साथ बदल जाए

जितना सहेजा है इसे उतना ही बिखरा है
ठोकर खा कर ये दिल ज़रा सँभल जाए

यूँ तो भरोसा उसके लिखे पे भी क्या कीजे
ज़ुबान जिसकी हर बात पर फिसल जाए

पत्थर दिल है जो मिट जाये नहीं टूटेगा
अश्कों की गरमी से शायद ये पिघल जाए

तू थोड़ा सा संभल के उड़ा ये दिल की पतंग
जाने बेवफ़ा से पेंच को मचल जाए

हैं

क्या बताएँ हम तुम्हें कि कहाँ खोए हैं
रात जागे थे सो बस अभी सोए हैं

जाने किस जन्म के कर्म थे ये सारे
वो जो हमने इस जनम में ढोए हैं

क्यों भरोसा हक़ीक़त पे नहीं होता है
ख़्वाब तुमसे मिलने के जो संजोए हैं

हँसी देखी थी एक बार आईने में
उसके सामने कितनी बार रोए हैं

खिलते हैं दिल में फूल बने सारे
काँटे जो ज़माने ने राहों में बोए हैं

दिल की गहराई का वो समझें क्या
अरमाँ जिसने अपने सारे डुबोए हैं

कब किससे कैसे कहाँ तार हैं जुड़े
रिश्ते सारे किसने यों पिरोए हैं

मेरे ग़म की गवाही देने हैं आए
वो तकिए जो अश्कों ने भिगोए हैं

हालेदिल उन से छुपाएँ तो कैसे
दाग अश्कों के ख़ून ए दिल से धोए हैं

बदला है

कहता है कौन अब कि साल बदला है
वक़्त ने फ़क़त अपना काल बदला है

बदला नहीं है वैसे तो यहाँ कुछ भी
ख़ुशफ़हमी ये है बस कि हाल बदला है

जब पा ही लिया था मैंने जवाब उसका
ज़िन्दगी ने अपना सवाल बदला है

हाकिम[1] और सैयाद[2] एक से निकले
उसने वादे और इसने जाल बदला है

मैं जानता हूँ उसे ये दावा झूठा
मैंने यूँ अपना ख़्याल बदला है

इश्क़ के मिज़ाज नये से हो गये हैं
बदली हुई सोहनी महीवाल बदला है

किसलिए भला बदलें ख़ुद को कालू
बेमिसाल ने कब जलाल[3] बदला है

---

1. हाकिम–शासक; 2. सैयाद–शिकारी, जाल में फंसाने वला; 3. जलाल–गौरव, शान, श्रेष्ठता।

मेरा

उसने काँटों से भर दिया दामन मेरा
खिल उठा है गुलों सा ये गुलशन मेरा

डर नहीं लगता है मौत से अब मुझको
डर ये कोई छीन ना ले बचपन मेरा

चमक मेरे चेहरे की जहाँ बसती है
उन आँखों में छुपा है वो यौवन मेरा

नापी दुनिया तो ये जाना मैंने
सारे जहाँ से बड़ा था वो आँगन मेरा

ख़ुद की ख़ातिर तो सभी जी लेते हैं
अपनों की ख़ातिर है जीवन मेरा

क्या होगा

ज़िन्दगी के मासूम सवालों का क्या होगा
दिल जो जकड़े है उन ख़यालों का क्या होगा

देती है ये इमारत गवाही जब रिश्तों की
पूछती है दीवारों के जालों का क्या होगा

जोड़ा हिसाब साथ गुज़ारे लम्हों का तूने
मेरे उन इंतज़ार के सालों का क्या होगा

गर नेताओं ने भूख को कभी देखा होता
ग़रीबों के हड़पे उन निवालों का क्या होगा

दिल तोड़ते हैं वो हसीं जिनका साँचा तोड़ा
अब ये सोचे ख़ुदा ख़ुशजमालों[1] का क्या होगा

1. ख़ुशजमाल–हसीन, रूपवान/रूपवती।

मेरे

ये जो आजकल महक रहे हैं इतने ख़्वाब मेरे
सपनों में आ जाते हैं अक्सर जनाब मेरे

दिन तारीख और साल से मुझे नहीं मतलब कोई
उनके मिलने से रहते हैं सारे हिसाब मेरे

हमको नहीं हासिल थी जागीर वसीयत में कोई
बस सिर्फ़ अपने दम पर ही हैं ये रु'आब[1] मेरे

सबसे मिलते हैं तो चढ़ा कर नकाब मुसकानों की
दिन वैसे तो चल रहे हैं बहुत ही ख़राब मेरे

कैसा उलझाया है उसको सवालों में ज़िन्दगी ने
वो समझ नहीं पाया है अक्सर जवाब मेरे

उन मद भरी आँखों में शायद जादू सा था कुछ
काँटे थमाकर ले गया सारे गुलाब मेरे

---

1. रु'आब–रो'ब, बडप्पन, प्रताप।

मैं

अब तो मन का कहा भी नहीं मैं करता हूँ
अब बारिश में भीगने से भी मैं डरता हूँ

ठिठक सा जाता हूँ चलते-चलते अक्सर
यूँ ही अपने वादों से भी मैं मुकरता हूँ

दिल के टूटने का भी डर नहीं अब कोई
इसलिए रोज़ बिखरने को मैं सँवरता हूँ

एक अरसा हो गया है वो रिश्ता टूटे
क्यों उसकी गली से फिर भी मैं गुज़रता हूँ

तैरना यूँ तो समन्दरों में सीखा हमने
उसकी आँखों में डूबने मैं उतरता हूँ

क्यों मैं भला मुश्किलों से बचने की सोचूँ
हर नयी मुश्किल से कुछ और मैं निखरता हूँ

मंज़िलें सामने और हौसले भी हैं बाक़ी
बस तेरे आने तक मगर मैं ठहरता हूँ

शक होता है

करते हैं बयां उस कैफ़ियत[1] पे शक होता है
आँखों को भी देखी हक़ीक़त पे शक होता है

कैसे समझाएँ हम हाल ए दिल उनको जिनको
सच बोलने की मेरी आदत पे शक होता है

रेखाओं का खेल ये सारा बंद अपने हाथों में
नादां हैं जिन्हें अपनी क़िस्मत पे शक होता है

बदली सरकार अवाम के हालात नहीं बदले
क्या इसलिए हरेक हुकूमत पे शक होता है

अक्सर चिकनी-चुपड़ी बातें करता है मुझसे
कैसे कहूँ मुझे उसकी नीयत पे शक होता है

1. कैफ़ियत–घटना।

जाते हैं

अपनी उम्मीदों से लोग यूँ डर जाते हैं
हादिसा[1] बन के इस दुनिया से गुज़र जाते हैं

कितना मुश्किल है यूँ ख़ुद को बचाए रखना
गिर के सँभले हैं कि छन से बिखर जाते हैं

तेरी महफ़िल में मेरा ज़िक्र या फ़िक्र तो होगा
बस ये सोच के कुछ देर को ठहर जाते हैं

क्यों मोहताज हों हम उनकी तारीफ़ों के
ख़ुद अपनी आँखों के लिए सँवर जाते हैं

वो बेवफ़ा नहीं हैं जो वादा नहीं करते कोई
बेवफ़ा वो जो वादा करके मुकर जाते हैं

तैरना छोड़ो, डूबना भी तो नहीं आता है
जाने क्यों लोग समन्दर में यूँ उतर जाते हैं

---

1. हादिसा–दुर्घटना।

मेरे ज़ख़्मों को मरहम की आस थी तुझसे
अश्कों से ये ज़ख़्म कुछ और उभर जाते हैं

बन्द ये कोशिश कि हम अब अपने श'ऊर[1] बदलें
बिगड़े ही कब थे जो सोचें कि सुधर जाते हैं

ज़िन्दगी अपनी नहीं अमानत है अपनों की
फिर क्यों इसमें कोई ख़यानत[2] कर जाते हैं

हमें कहाँ दुनिया ने ख़ुश रहने का छोड़ा
दुनिया तेरी ख़ुशी के लिए हम मर जाते हैं

1. श'ऊर–घटना; 2. ख़यानत–अमानत में छेड़छाड़, विश्वास से खिलवाड़।

लापता हैं

बेख़बर हुए तारीख़ से और वार लापता हैं
अख़बार हैं हाथों में पर समाचार लापता हैं

खोये खोये से हैं रहते तिलिस्म[1] की दुनिया में
भूले हैं सुध ख़ुद की जैसे घर बार लापता हैं

दिन रात की मस्ती है सस्ती सी रंगरेलियों में
मिल जुल कर थे जो मनाते वो त्यौहार लापता हैं

जानिए हक़ीक़त कि क्या हैं ये मजाज़ी[2] रिश्ते
बुनियाद जो रिश्तों की वो सरोकार[3] लापता हैं

है सीखी नयी परिभाषा वफ़ा और दोस्ती की
संस्कार भूले हैं सारे सदाचार लापता हैं

'आलिम[4] की हरकतें भी हैं कुछ जाहिलों[5] के जैसी
पता सब को है इस बुलन्दी के आधार लापता हैं

जिस तरफ़ भी देखें हर कोई मशग़ूल[6] है बहस में
गुमशुदा विचार हैं सारे, आचार लापता हैं

---

1. तिलिस्म–मायावी, इन्द्रजाल; 2. मजाज़ी–काल्पनिक, बनावटी; 3. सरोकार–लगाव, प्रयोजन; 4. 'आलिम–विद्वान, ज्ञानी; 5. जाहिल–गँवार, असभ्य, 6. मशग़ूल–व्यस्त।

ओ दुनिया के रखवाले

वाह अरे ओ दुनिया के रखवाले
कैसे कैसे तेरे हैं रंग निराले

सच बेकार हुआ है झूठ मज़े में
पट्टी आँख पर और ज़ुबाँ पर ताले

गिरगिट से जल्द ये रंग बदलते रहते
कपड़े सफ़ेद हैं और मन से काले

रंगतें महफ़िलों की बढ़ती गयी यूँ ही
छलकते हैं प्याले छिनते हैं निवाले

रौशन कर दें जग को घर को जलाकर
गुम हैं लो कहाँ पर अब वो दिलवाले

कौन बयाँ करता हादसों की हक़ीक़त
अपनी बला को हैं सब औरों पर टाले

मुश्किलों ने कहाँ छोड़ा दामन मेरा
बहते रहे आँसू, रिसते रहे छाले

हमें नहीं देता अब तसल्ली कोई
और कब तक रखें हम ख़ुद को संभाले

चल

कैसे काटें हिजरत[1] के पल बता चल
ढूँढ़ें कहाँ तुझे, तू अपना दे पता चल

इल्ज़ाम अपनों के रख सर पर ओढ़े
ग़ैरों की भी ख़ुद पर ले तू ख़ता चल

मलंगपन, बेफ़िक्री, मस्ती अपना
सारी मुश्किलों को ले कर दे धता चल

दुनिया ही क्या कम है दुःख देने को
ले तू मगर मन की कर मुझे सता चल

हिसाब कब माँगा है तुझ से कोई
एहसान अपने मगर तू मुझपे जता चल

असर मेरी दुआ का इतना सा पहुँचे
ख़ुशी मेरे हिस्से की तुझे 'अता[2] चल

1. हिजरत–विरह, जुदाई; 2. 'अता–उपहार।

नहीं मिलती

उमँगों वाली वो चमकती सुबह नहीं मिलती
होंठों को मुसकाने की वजह नहीं मिलती

मिलती तो है हमसे अक्सर यूँ ही लेकिन
अब ये ज़िन्दगी पहले की तरह नहीं मिलती

किस्मत में जब मेरी संग-ओ-ख़िश्त[1] पर गिरना
फिर गिला क्यों ये कि मख़मली सतह नहीं मिलती

वीरानगी पसरी हुई जहाँ तक नज़रें पहुँचें
करते थे अक्सर शिकवा जगह नहीं मिलती

रिश्तों की चर्ख़ी में गुम है डोर टूटी हुई
कोशिश की लाख मगर लो गिरह नहीं मिलती

हम हिसाब अधूरी ख़्वाहिशों का कहाँ तक रक्खें
यह खो जाती है कभी कहीं वह नहीं मिलती

ज़िन्दगी बिछाई है तूने ये क्या बिसात अजब
है मात यहाँ सीधी और शह नहीं मिलती

1. संग-ओ-ख़िश्त–ईंट-पत्थर।

कर बैठे

सच कहकर जैसे गुनाह कर बैठे
हम अपने घर को तबाह कर बैठे

आसाँ हो जाए लो डगर औरों की
इसलिए मुसीबत की राह कर बैठे

तंज़ उसके हरेक शेर में था हम पर
उन शेरों पे हम तो वाह कर बैठे

दर्द-ए-दिल को हम छुपा नहीं पाये
चोट खाई कोई तो लो आह कर बैठे

नींद आँखों में थी मगर करते भी क्या
दिल में फ़िक्र करते सबाह[1] कर बैठे

मेरी चाहत से वो ही अनजान रहा
हम जिससे मोहब्बत अथाह कर बैठे

---

1. सबाह–सुबह, प्रात:काल।

दिल का क्या कहिए ये तो बच्चा है जी
सूरज या चंदा की चाह कर बैठे

दोस्तों ने की बेवफ़ाई कुछ ऐसे
दुश्मन के घर में पनाह[1] कर बैठे

क्या कम थे ग़ैर सितमगर[2] हिस्से में
अब सनम भी टेढ़ी निगाह कर बैठे

ज़िन्दगी से कोई शिकवा नहीं है मुझे
जो मिला बस उसी में निबाह[3] कर बैठे

---

1. पनाह–आश्रय; 2. सितमगर–ज़ुल्म करने वाला; 3. निबाह–गुज़ारा, निर्वाह।

जायेंगे

घर से निकले हैं तो ख़बर नहीं कि किधर जायेंगे
सुबह से भूले हैं ख़ुद को सो शाम को घर जायेंगे

छलनी हुआ जिस्म मेरा ज़र्रा-ज़र्रा[1], टुकड़ा-टुकड़ा
गर न समेटोगे बाँहों में तुम तो बिखर जायेंगे

कितने गहरे समंदर तेरी इन नीली आँखों में
डूबेंगे तैराक वो सारे जो इनमें उतर जायेंगे

जोड़ रखा है मैंने हिसाब इन्तज़ार के हर पल का
दिल के ये दर्द अपनी वसीयत में तेरे कर जायेंगे

समझोगे जब कभी भी तुम मेरे दर्द को ही अपना
ज़ख़्म जो ढँके-छुपे हैं तुम से, सब वो उभर जायेंगे

कैसे बताएँ तुझे कि तेरे बिन हम कैसे जीते हैं
टूटे कभी तेरा ये भरम फिर तो हम मर जायेंगे

---

1. ज़र्रा-ज़र्रा–कण-कण, अणु

अभी बाक़ी हैं

सब धुंधला सा है चन्द निशान अभी बाक़ी हैं
ऐ दिल तुझमें कितने अरमान अभी बाक़ी हैं

कितने सारे संघर्ष, इम्तिहान और सवाल कितने
मुश्किल में ही अटके रहे आसान अभी बाक़ी हैं

हमें तो इन थपेड़ों ने कहीं का भी नहीं छोड़ा है
और तुम कह रहे हो कि तूफ़ान अभी बाक़ी हैं

तोड़ दूँ मैं तुझसे ये रिश्ता एक ही झटके में
ज़िन्दगी तेरे मुझ पर एहसान अभी बाक़ी हैं

मन नहीं भरा है उनका गालियां मुझको देकर
मेरे हिस्से कई और सम्मान अभी बाक़ी हैं

क्यों बने ये मन्दिर, मस्जिद, गिरजे, गुरुद्वारे
उसे बसने को धरती पे इन्सान अभी बाक़ी हैं

चाहे तो ऐ ख़ुदा मुझको तू कुछ और सितम 'अता[1] 'कर
मेरे सर माँ के अनगिनत वरदान अभी बाक़ी हैं

दौलत, शोहरत, ताक़त, सूरत तो फ़ना हो बैठे
हँस कर जीने के कई सामान अभी बाक़ी हैं

ख़्वाब, इरादे, आँसू और मुस्कान अभी बाक़ी हैं
मेरी परछाई और पहचान अभी बाक़ी हैं

---

1. 'अता–दान, उपहार

सपने

बीते कल के बाक़ी सपने
आज भी हैं उतने ही अपने

मैंने ज़रा ईमान क्या तोला
क़िस्से मेरे भी लगे हैं छपने

मतलब के रिश्ते हैं सारे
जीवन बेमतलब को खपने

दो लफ़्ज़ तारीफ़ के क्या बोले
लगा वो उसकी माला जपने

औलादों को छाँव की ख़ातिर
बाप निकल पड़ा धूप में तपने

तड़प में भी हम खुश रहते हैं
सुनकर वो भी लगे तड़पने

कहाँ पे मिलती है

कोई तो बता दे कि ये फ़ुर्सत कहाँ पे मिलती है
इन नफ़रतों के शहरों में मोहब्बत कहाँ पे मिलती है

यूँ होते हैं दीदार एक से एक हसीन सूरत के
दिल को जो भा जाये वो सीरत कहाँ पे मिलती है

कल्पनाओं और मायावी छलावों की इस दुनिया में
बचपन की दोस्ती सी वो सोहबत कहाँ पे मिलती है

ज़हर जैसे सारे ग़म और आंसू पी लेता हूँ
क्या समझाऊँ लोगों को कि हिम्मत कहाँ पे मिलती है

है कमाई यूँ तो बहुत मगर पूरी नहीं पड़ती है
ओ माँ बता वो तेरे हाथों की बरकत कहाँ पे मिलती है

धन, दौलत, ताक़त, शोहरत हासिल हैं इतने बेशुमार
जिससे मिल जाए ख़ुशी वो क़िस्मत कहाँ पे मिलती है

तोलते हैं हर एक चीज़ को इस नए दौर में पैसे से
सच्चे एहसास की पर सही क़ीमत कहाँ पे मिलती है

लिए बैठे हैं

पलकों के तले में कितने आफ़ताब[1] लिए बैठे हैं
हम अपने दिल में कई अधूरे ख़्वाब लिए बैठे हैं

उनसे मिलने से क्यों डरना क्यों मुँह छुपाना उनसे
सवाल जो वो पूछेंगे उनके जवाब लिए बैठे हैं

अस्बाब-ए-ऐश[2] हैं सँभाले नहीं सँभलते फिर भी
निन्यानवे को सौ करने का हिसाब लिए बैठे हैं

लोगों ने ये समझा कि हम तो बहुत अच्छे से हैं
हम हैं कि इधर अपना ख़ाना-ख़राब[3] लिए बैठे हैं

अब मोहताज[4] नहीं हैं हम अजी बारिश के पानी के
अपने अश्कों में ही कितने सैलाब[5] लिए बैठे हैं

फूले नहीं समाते हैं हम अपने लिखे शेरों पर
वो अपने नाम कितनी सारी किताब लिए बैठे हैं

चलो चलें इस नफ़रत की दुनिया से कहीं बहुत दूर
ख़ंजर वहाँ भी तो हाथों में जनाब लिए बैठे हैं

---

1. आफ़ताब–सूरज; 2. अस्बाब-ए-ऐश–विलासिता के सामान; 3. ख़ाना-ख़राब–भाग्यहीन, जिसका सब नष्ट हो गया हो। 4. मोहताज–इच्छुक, माँगने वाला; 5. सैलाब–तूफ़ान, बाढ़।

बताने को

जाने क्या नहीं कर गुज़रे थे अपना तुम्हें बनाने को
तुम्हें तो बस जैसे हासिल हों हम ही सिर्फ़ सताने को

हँसी नहीं आई होंठों पर लाख जतन कर डाले हैं
एक तेरा ग़म ही काफ़ी था हमें उम्र भर रुलाने को

अपने भी कहाँ साथ आए थे जब ज़रुरत महसूस हुई
क्यों बेबात भला अपनी बर्बादी का दोष ज़माने को

तेरा रंग रूप कुछ ही दिन पूछेगी ये दुनिया सारी
कौन बचेगा बुढ़ापे में नाज़ों नखरे तेरे उठाने को

दुनिया चाहे कुछ भी बोले उससे फ़र्क़ नहीं पड़ता
तुम्हारी ख़ामोशी काफ़ी है हमारे होश उड़ाने को

यूँ तो सफ़र मोहब्बत का लंबा था तय मगर हुआ ऐसे
आँखों से सीधी उतरी थी दिल में मेरे समाने को

मेरी

उसको चाहना तो है आदत मेरी
वो समझा ख़राब है नीयत मेरी

तेरे ही ख़यालों संग तो रहता हूँ मैं
तू कहता है ठीक नहीं संगत मेरी

रंग उसका ही है ये चढ़ा सारा
ऐसी तो ना थी कभी रंगत मेरी

आँखों के रास्ते उतरी धीरे से
बन्द हो गई दिल की हरकत मेरी

पूछते हैं हमसे कि क्या कमाते हैं
लो आ गयी है अब तो शामत मेरी

आईने में देखा तो अजनबी सा लगा
मुझसे नहीं मिलती है सूरत मेरी

दुनिया लाख कमियाँ गिनाये तुझ में पर
ना होगी कम इससे चाहत मेरी

किसी को देखकर ये अनदेखी करना
ऐसी ना हुई थी कभी हिम्मत मेरी

अब मेरा सब कुछ उसके हाथ में है
कैसे लूटेगा कोई दौलत मेरी

मैं तो उन्हें जानता भी नहीं अच्छे से
जो बैठे हैं छीन कर फ़ुर्सत मेरी

हो रहा था गलत फिर भी मैं चुप क्यों था
जाने कहाँ खोयी थी ग़ैरत[1] मेरी

मेरी कुर्सी को जो मिला करती थी
मैं समझता था उसको 'इज़्ज़त मेरी

दौलत लो ग़मों की मेरे नाम हुई
ख़त्म अब तो शायद हो ग़ुर्बत[2] मेरी

---

1. ग़ैरत–स्वाभिमान; 2. ग़ुर्बत–गरीबी।

अरसे बाद भी नहीं सँभला पाया है
देखी है जो उसने हालत मेरी

मैं और मेरी तनहाई मज़े में हैं
अच्छी है ये छोटी सी जन्नत[1] मेरी

मैं कैसे उस को बुरा कह दूँ कालू
मुझे ख़ुद मालूम नहीं फ़ितरत[2] मेरी

---

1. जन्नत–स्वर्ग; 2. फ़ितरत–स्वभाव, प्रकृति।

है

दिल मेरा यूँ बल्लियों उछलता है
ये कहाँ अब सँभाले सँभलता है

नहीं बहला है लाख कोशिश करके भी
देख कर उसे ही बस ये बहलता है

उसकी फ़ितरत[1] का क्या ही बयान करें
गिरगिट से जल्दी वो रंग बदलता है

लाख सिर झुकाओ मोती से आँसू लुटाओ
पत्थर भी भला मिन्नत से पिघलता है

झूठ की बुलन्दी चढ़कर यूँ बोला वो
दोस्त मेरे इसका नाम सफलता है

क्या तमाशा बना देती है ये दुनिया
जब जनाज़ा अरमानों का निकलता है

इस नादान दिल का क्या कीजे कालू
गिर के उठता है फिर से फिसलता है

---

1. फ़ितरत–प्रकृति, स्वभाव

सी लगे

माशूका की तो बुराई भी अच्छाई सी लगे
मुँह खोले और ले उबासी तो मुस्काई सी लगे

सच छिपता है और झूठ बेधड़क यूँ बिकता है
है हक़ीक़त कुछ ऐसी कि झुठलाई सी लगे

हैराँ हैं अपना 'अक्स[1] आईने में देखकर
परछाई भी अपनी अक्सर घबराई सी लगे

कुछ अजीब से ही मिजाज़ हैं इन बड़े शहरों के
यहाँ आकर बहार भी तो मुरझाई सी लगे

यूँ तो रंगीनियाँ है बहुत और भीड़ बेशुमार
महफ़िल में भी जाते हैं तो तन्हाई सी लगे

मेरे आँसुओं को देख के लोग हँसते हैं
तेरी गर्मजोशी भी जैसे सुस्ताई सी लगे

---

1. 'अक्स–प्रतिबिम्ब

होगा

कितना 'अजब ग़ज़ब वो मंजर होगा
उसके घर के साथ मेरा घर होगा

ये इश्क़ है साहब कोई खेल नहीं है
जिसमें कोई भी एक कमतर होगा

वो जो है इतना हसीन बाहर से तो
क्या थोड़ा हिस्सा भी अन्दर होगा

बस इस उम्मीद पे ही मैं ज़िंदा हूँ
मेरा कल मेरे आज से बेहतर होगा

हमें तो नीचे मिला है इन्सानों में
क्या जाने कौन सा ख़ुदा ऊपर होगा

पहले जो उठता था दुआ की ख़ातिर
देखना अब उसी हाथ में पत्थर होगा

मेरे सिर पे माँ की दुआएँ ढेरों
मुझे भला क्यों फिर किसी का डर होगा

उसको अब कोई काम नहीं है मुझसे
अब तो उससे मिलना भी दूभर होगा

कैसे बतलाएँ हम कि खारा क्यों है
दर्द के अश्कों भरा समंदर होगा

दुनिया को जीतने से नहीं बनता है
ख़ुद को जीते वो ही सिकंदर होगा

दिल टूटा है इश्क़ में उसका कालू
दर्द लिखेगा तो वो बड़ा शायर होगा

लेते

चाहते थे हमें तो बुला लेते
दिल हमसे ही लो लगा लेते

दिल लिया मेरा दर्द के बदले
और इम्तिहान क्या मेरा लेते

मरना तुम पे जहाँ सीखा था
जीना इस दिल को सिखा लेते

मरने का डर लेकर रहे जीते
थोड़ी ज़िन्दगी तो बिता लेते

तूने मौका तो दिया होता
ग़म हम अपने लिये बचा लेते

जीतने का मज़ा और ही होता
लम्हे हार के गर भुला लेते

पहले कहना फिर पछताना
बात को दिल में ही दबा लेते

जब मालूम था अब नहीं मिलना
हँस कर क्यों वो भला विदा लेते

ग़मों का बोझ न होता इतना
तेरे मेरे ग़म अगर मिला लेते

आँखों में तेरी सूरत भर के
ख़्वाबों को ही कुछ सजा लेते

ग़ैरों की ख़ातिर बिछते हो
रिश्ता अपनों से भी निभा लेते

हम तो मनाते थे उन्हें हर बार
रूठने वाले कभी मना लेते

गर पूछता ख़ुदा कभी हमसे
तक़दीर में तुझे लिखा लेते

कितनी हसीन हक़ीक़त होती
हमको ख़्वाबों में बसा लेते

थोड़ा वक़्त दे देते उनको
बुज़ुर्गों से ढेरों दुआ लेते

दिल को हल्का करना था तो
आँखों से अश्क तुम गिरा लेते

करके कत्ल इन अरमानों का
इल्ज़ाम अपने सर उठा लेते

हर कोई गुम था ख़ुद में ही
किससे हम घर का पता लेते

मिलना नहीं था फिर आए क्यों
बहाना ठीक से तो बना लेते

दिल में मलाल क्यों बाक़ी रखा
तुम भी जी भर कर सता लेते

अब तो बस मरने की दुआ कर
एक मुद्दत हुई है दवा लेते

मरना भी यूँ तो हमको था मंज़ूर
एक बार दिल की बस सुना लेते

ताउम्र भागे पैसे के पीछे
थोड़ी खुशियाँ ही कमा लेते

शराब ये छूट जाती कब की
दर्द को सहने का कुछ मज़ा लेते

दिल का मर्ज़ ना होता कालू
उनको हाल ए दिल दिखा लेते

बहुत हैं

आदत से लाचार बहुत हैं
करते उनसे प्यार बहुत हैं

मुश्किल बहुत हुआ सुलझाना
उलझे उनसे तार बहुत हैं

कहती हैं वो चाहने वाले
तुझ जैसे दिलदार बहुत हैं

मेरा ज़िक्र हुआ महफ़िल में
लाल हुए रुख़्सार[1] बहुत हैं

आँखों ने आँखों से की बातें
बने नए आसार बहुत हैं

सूरत वो आँखों में बसा ले
मुश्किल ये दीदार बहुत हैं

---

1. रुख़्सार–गाल

जीत कर उनसे क्या करना था
हारे हम कई बार बहुत हैं

कहना है पर कह नहीं पाते
मन में आते विचार बहुत हैं

भीड़ बढ़ी यारों की क्यों कर
अच्छे हों तो चार बहुत हैं

रिश्तों का आकार न देखें
रिश्तों के तो प्रकार बहुत हैं

क्या अपनी तारीफ़ में बोलें
वैसे हम बेकार बहुत हैं

सच कहीं पे बिकता ही नहीं है
झूठ के पर बाज़ार बहुत हैं

जेलों में हैं बेगुनाह ढेरों
छूटे गुनाहगार बहुत हैं

अपनी समझ को ताक पे रख के
दो नावों पे सवार बहुत हैं

पैसा, भाषा, धर्म और जाति
बीच खड़ी दीवार बहुत हैं

पड़ा अकाल समाचारों का
बिकते यूँ अख़बार बहुत हैं

बीमारों की गिनती को छोड़ो
सस्ते हुए अनार बहुत हैं

जीते जी तो नहीं दिखते थे
मरने पर हक़दार बहुत हैं

काले हैं पर हैं दिल वाले
करने वाले प्यार बहुत हैं

मंज़िल का मत जश्न मनाओ
मुश्किल इसके पार बहुत हैं

मलहम पट्टी हैं नाकाफ़ी
रिश्तों में तकरार बहुत हैं

वो भूला है हम नहीं भूले
तोड़े उसने करार बहुत हैं

कालीनों से कहाँ छुपते हैं
सड़कों पर पैग़ार[1] बहुत हैं

ईमान अगर हो ताक पे रक्खा
दौलत के अंबार बहुत हैं

मरने की बातें क्यों कीजे
जीने के आधार बहुत हैं

खुशियों के पल ढूंढ़ रहे हैं
मिले हैं कुछ दरकार[2] बहुत हैं

होली, दिवाली, ईद अभी दूर
मनाने को त्योहार बहुत हैं

---

1. पैग़ार–गड्ढे; 2. दरकार–आवश्यकता, अपेक्षा।

राम, रहीम, ईसा या नानक
ईश्वर एक अवतार बहुत हैं

मा'शूक़ा से कर ली शादी
प्यार है कम तकरार बहुत हैं

एक ज़रा सी गलती कर दो
लड़ने को तैयार बहुत हैं

ख़ुद को ख़ुदा बताने वाले
बंदों के दरबार बहुत हैं

गले मिले जो हँस कर उनसे
पीठ पे झेले वार बहुत हैं

कितनी संवारें सूरत अपनी
आईने में दरार बहुत हैं

तेरा ग़म सीने से लगाकर
हो गए हम गुलज़ार[1] बहुत हैं

---

1. गुलज़ार–गुलशन, बाग।

बेहतर हो कुछ भूलना सीखें
यादों के अंबार बहुत हैं

कैसे चुराएँ हम दिल उनका
सनम मेरे बेदार[1] बहुत हैं

यूँ दिखते हैं वो सीधे सादे
जो दिल से मक्कार बहुत हैं

सोच समझ कर खोल पिटारा
महफ़िल में फ़नकार[2] बहुत हैं

पढ़ने से कब समझ आती है
पढे लिखे भी गँवार बहुत हैं

दिल का मर्ज़ तो होना ही था
दिल में बंद ग़ुबार बहुत हैं

हम रिश्ते दुनिया से छुपाते
वो करते इज़हार[3] बहुत हैं

---

1. बेदार–जागा हुआ; 2. फ़नकार–किसी कला में पारंगत; 3. इज़हार–प्रकट करना, जाहिर करना।

ठुकराने में अब डर कैसा
झेले जब इंकार बहुत हैं

गिनते गिनते थक जाओगे
उन आँखों के शिकार बहुत हैं

सुलझते हैं फिर उलझ जाते हैं
रिश्तों में अफ़्कार[1] बहुत हैं

ज़रूरतें सिमटी सिकुड़ी सीं
ख़्वाहिश के विस्तार बहुत हैं

तेरे बिन हम जी नहीं सकते
वैसे हम परदार[2] बहुत हैं

फ़क़ीरी का चोला ओढ़े हैं
दिल से हम शहवार[3] बहुत हैं

जीवन डगर बड़ी मुश्किल है
फूल हैं कम अंगार बहुत हैं

---

1. अफ़्कार–मन में उत्पन्न उलझनें; 2. परदार–आत्मनिर्भर;
3. शहवार–शाही, बादशाहों जैसा।

हाथ में खंज़र, मुंह पे गाली
कहता नेक विचार बहुत हैं

बजते हैं वो उछल उछल कर
नक़ली जो कलदार बहुत हैं

हुस्न की मय को पीने वाले
तुझ जैसे मय-ख़्वार[1] बहुत हैं

सच की राह पे चलने वालों
रास्ते ये दुश्वार[2] बहुत हैं

जिनसे हैं सब बचते फिरते
सवाल वो तह-दार[3] बहुत हैं

बात अपनी मनवा ही लेंगे
करते वो इसरार[4] बहुत हैं

अपना पता पूछें औरों से
हम ख़ुद से बेज़ार[5] बहुत हैं

---

1. मय-ख़्वार–शराबी; 2. दुश्वार–कठिन; 3. तह-दार–गूढ़;
4. इसरार–ज़िद; 5. बेज़ार–निराश, विमुख।

माता पिता मूरत हैं ख़ुदा की
हम इनके कर्ज़दार बहुत हैं

तेरी ममता को तोला था
माँ तुझसे शर्मसार बहुत हैं

ख़ुद की लौ को ज़िन्दा रखिए
जीवन में अंधकार बहुत हैं

फूलों से स्वागत करने वाले
तेरे दिल में ख़ार[1] बहुत हैं

सच तो कभी घटता ना बढ़ता
अफवाहें बीजार[2] बहुत हैं

आँखें, लब, ज़ुल्फ़ और रंगत
ख़ुदा तेरे फ़रख़ार[3] बहुत हैं

होटल जैसा है घर मेरा
माँ के घर काचार[4] बहुत हैं

---

1. ख़ार–बारीक काँटा; 2. बीजार–बहुत बीज वाला; 3. फ़रख़ार–आभूषण
4. काचार–घर का सामान।

लेकर खुशबू पकवानों की
पेट भरे नाहार[1] बहुत हैं

मेरी कहानी खिचड़ी जैसी
उनकी में अब्ज़ार[2] बहुत हैं

जहर का प्याला कौन उठाए
अमृत के शिकदार[3] बहुत हैं

किसे दिखाऊँ चीर के सीना
ज़ख़्म ए दिल गुलदार[4] बहुत हैं

चोरों से हाथ मिला कर बैठे
शहर में चौकीदार बहुत हैं

भानुमति का कुनबा जोड़े
म्यान रखी तलवार बहुत हैं

खिड़की एक नहीं इस घर में
आगे पीछे द्वार बहुत हैं

---

1. नाहार–जो सबेरे से भूखा हो; 2. अब्ज़ार–मसाले
3. शिकदार–दानेदार; 4. गुलदार–बहुत बीज वाला।

मौत का धंधा करने वाले
और बचे कारोबार बहुत हैं

चार कंधे भी मिल नहीं पाये
यूँ तो रिश्तेदार बहुत हैं

जलते देख सफलता मेरी
मेरे अपने यार बहुत हैं

ऊपर से मैं इन्सान एक हूँ
अन्दर से किरदार[1] बहुत हैं

सच का पाठ पढ़ाने वाले
झूठों के सरदार बहुत हैं

शायद अपना दिल वो दे दें
सुनते हैं दातार बहुत हैं

पल पल रूप बदलते रहते
हाकिम जी 'अय्यार[2] बहुत हैं

---

1. किरदार–पात्र; 2. अय्यार–भेष बदलने वाला।

तूफ़ानों से लड़ोगे कैसे
नाव हैं कम पतवार बहुत हैं

तेरी याद और ये तेरा गम
दिल पर मेरे भार बहुत हैं

परखेगी किस पैमाने पर
दुनिया के मे'यार[1] बहुत हैं

मौलवी, पादरी और पुजारी
धर्म के ठेकेदार बहुत हैं

बिजली को गिरना है कहीं पे
खतरे में मीनार बहुत हैं

आसाँ नहीं था उनसे बिछुड़ना
आँखें हुईं नमदार बहुत हैं

सबसे अलग ये देश है मेरा
दुनिया में अम्सार[1] बहुत हैं

---

1. मे'यार–कसौटी ; 2. अम्सार–देश।

अधूरी ख़्वाहिशों को क्यों रोये
सपने हुए साकार बहुत हैं

सोच समझ कर ही मुँह खोलो
बन जाते तूमार[1] बहुत हैं

हाकिम जी का भाषण सुनिए
काम हैं कम प्रचार बहुत हैं

महफिल में जो तूने जुटाये
अपने कम अग़्यार[2] बहुत हैं

दिन में जुर्म अब रात से ज़्यादा
चोर हुए बेख़ार[3] बहुत हैं

कैसे भरोसा करें हम उस पर
तोड़ दिये इकरार बहुत हैं

उलझ के रह गया दिल ये मेरा
ज़ुल्फ़ें तेरी बलदार बहुत हैं

---

1. तूमार–क़िस्सा; 2. अग़्यार–ग़ैर लोग; 3. बेख़ार–बे-ख़ौफ

दिल का लगाना खेल नहीं कोई
नफ़े कम अज़रार[1] बहुत हैं

इनकी थाह नहीं मिल सकती
नेता सब अशरार[2] बहुत हैं

सड़कों पर क्यों लेकर आना
झगड़े को घर बार बहुत हैं

सारा कसूर मढ़ा मेरे सिर
मुंसिफ़ जी पासार[3] बहुत हैं

ये तो बस एक बानगी भर है
इस जैसे शहकार[4] बहुत हैं

ग़म अपने तूने जो बख्शे
आँखें हुई ज़रदार[5] बहुत हैं

खुशबू तेरी कहाँ से लाऊं
शहर में यूँ अत्तार बहुत हैं

---

1. अज़रार–हानियाँ; 2. अशरार–धूर्त; 3. पासार–पक्षपाती; 4. शहकार–सर्वोत्तम कृति
5. ज़रदार–धनी।

तुम ही एक नहीं महफिल में
तुम से दिल अफ़गार[1] बहुत हैं

दिखते तो हैं अनाड़ी के जैसे
वैसे हम होशियार बहुत हैं

गमों को अपने गीत बनाकर
गाते वो फ़नकार बहुत हैं

बाहर वालों से बाद में निपटो
मुल्क में ही गद्दार बहुत हैं

ये कहाँ आ गए चलते चलते
शोर है गुम चहकार बहुत हैं

बाहर चाहे घिरा हो अँधेरा
अन्दर तो अनवार[2] बहुत हैं

इनकी प्यास है बढ़ती जाती
लब तेरे रसदार बहुत हैं

---

1. दिल अफ़गार–दिल से घायल; 2. अनवार–प्रकाश पुँज, रोशनी।

ख़ुदा के नाम पे ख़ून ख़राबा
करते जो कुफ़्फ़ार[1] बहुत हैं

तेरी यादों से दिल जलता है
जंगल में लगे चिनार बहुत हैं

अरसे से कोई मिलने नहीं आया
कहते थे गम-ख़्वार[2] बहुत हैं

पापों को अपने धोने को
निकल रहे ज़व्वार[3] बहुत हैं

इसे कुरेदना सोच समझकर
दिल में छुपे असरार[4] बहुत हैं

रौब अमीरी का दिखलाते
दिल से जो नादार[5] बहुत हैं

जीत का मर्म समझ ये आया
पीछे जीत के हार बहुत हैं

---

1. कुफ़्फ़ार–काफ़िर, नास्तिक; 2. गम-ख़्वार–दुखे दर्द का साथी;
3. ज़व्वार–तीर्थ यात्री, ज़ियारत करने वाले; 4. असरार–राज़, भेद; 5. नादार–गरीब।

सागर शान्त से दिखने वाले
इनमें छुपे मँझधार बहुत हैं

जन्नत दोज़ख किसने देखे
धरती पर संसार बहुत हैं

उनकी हक़ीक़त हमसे पूछो
दिखते जो अबरार[1] बहुत हैं

गद्दी मिली है जिन्हें मियादी
उनके बड़े पिंदार[2] बहुत हैं

फ़लक पे चढ़कर बैठे थे जो
गिरे कई सरशार[3] बहुत हैं

मेरी नज़र से देख के ख़ुद को
भाते उन्हें सिंगार बहुत हैं

कल तक तो गाली मिलती थी
आज मगर जयकार बहुत हैं

---

1. अबरार–सज्जन; 2. पिंदार–घमण्ड; 3. सरशार–नशे में चूर।

नाकामी तो अनाथ पड़ी है
जीत के दावेदार बहुत हैं

सर आँखों पर रखना इनको
दुआएं ये फलदार बहुत हैं

कैसे रखें गिनती उनकी
माँ तेरे उपकार बहुत हैं

मुफ़लिसी पे रहम मत जताना
निर्धन हैं ख़ुद्दार बहुत हैं

ईमान की डगर है मुश्किल
इस रस्ते बेगार[1] बहुत हैं

नासमझी में जीने वाले
गधे से रहबार[2] बहुत हैं

ज़ोर के ज़र, जोरू और ज़मीं सब
इनके पीछे रार बहुत हैं

---

1. बेगार–बिना परिश्रामिक का कार्य; 2. रहबार–घोड़ा।

क्या रखा है ऊँच नीच में जी
देखो हम हमवार[1] बहुत हैं

मुश्किल हुआ अब उनसे मिलना
पीछे लगे अन्फ़ार[2] बहुत हैं

भोली सूरत से खाया धोखा
ग़ुरूर में सरकार बहुत हैं

पोल खुली है सब दावों की
कहते थे तैयार बहुत हैं

कालू तुम ही नहीं दुनिया में
तुम जैसे तुकदार बहुत हैं

□□

1. हमवार–एक-सा, बराबर; 2. अन्फ़ार–सिपाही